Devocional

ONCOFÉ

Dr. Hugo Martins de Oliveira

Devocional

ONCOFÉ

NOVOS ASES

Preparo de originais: Gabrielle Antunes

Revisão: Daniel Muzitano

Diagramação: Danielle V. Cardoso

Capa: Fernanda Ferreira

Catalogação na publicação
Elaborada por Bibliotecária Janaina Ramos – CRB-8/9166

O48d

Oliveira, Hugo Martins de

Devocional Oncofé / Hugo Martins de Oliveira. – Rio de Janeiro: Ases da Literatura, 2023.

124 p.; 14 X 21 cm

ISBN 978-65-99722-36-3

1. Teologia da devoção. 2. Fé. 3. Autoajuda. I. Oliveira, Hugo Martins de. II. Título.

CDD 240

Índice para catálogo sistemático

I. Teologia da devoção

Prefácio

DR HUGO

Recordo-me do dia em que conheci o Dr Hugo, quando ele começou a me contar a sua história, em determinado momento pensei:

"Uau, Deus tem um propósito muito grande em sua vida"

Essa foi a primeira leitura e certeza de que tive a seu respeito, e depois, conforme os dias foram passando, eu tive mais duas certezas.

A primeira, como falei acima, é de que Deus tinha um grande propósito em sua vida.

A segunda, o amor ao próximo que ele carrega. E esse é o motivo pelo qual ele se preocupa tanto com as pessoas e faz de tudo para ajudá-las a ponto de se anular.

A terceira certeza de que eu tive era que, em seu processo de autoconhecimento, ele estaria voando cada vez mais alto, porém esse crescimento não seria perceptível a ele, dada a entrega dele em ajudar as pessoas.

Essa entrega e preocupação com o próximo fazem com que ele não perceba os avanços que vem tendo na vida.

E hoje tenho a oportunidade e o prazer de prefaciar o seu livro chamado "OncoFé"

Eu não tenho dúvida do quanto esse livro vai edificar a sua vida e te dar o discernimento em questões em que você até então não tinha o entendimento, mas depois da leitura desse livro, as coisas vão se encaixar de uma maneira que vai acalmar o seu coração.

Porque a proposta desse livro é abençoar a vida das pessoas que embarcarem nessa leitura, e não tenho dúvidas de que a proposta será atendida. Porque ele foi feito com muito amor e dedicação.

Diante disso, eu desejo uma boa leitura e que a cada página você consiga sentir o carinho e a dedicação do Dr Hugo na escrita desse livro.

Cleiton Pinheiro

É com grande honra que apresento este maravilhoso livro do meu amigo Dr. Hugo Oliveira. Esse devocional explora os muitos aspectos da fé e da esperança, trazendo quarenta doses de encorajamento e alívio para sua alma.

Quando enfrentamos uma enfermidade, geralmente confrontamos apenas os sintomas do corpo, mas esquecemos da fragilidade da alma. Nessa obra, você vai receber um poderoso remédio que vai fortalecer a sua alma.

Prepare-se para ter um encontro com a esperança. A esperança é uma força poderosa que nos ajuda a superar os grandes desafios que a vida propõe.

Meu amigo Hugo não é apenas um especialista clínico, mas é também um especialista em superação. A sua história de vida comprova que a fé em Deus nos faz vencer desafios impossíveis, o seu testemunho confirma que Jesus continua operando milagres, e que os diagnósticos clínicos podem ser apenas as evidências de um milagre.

Thiago Bonze

Antes de começar

O que eu realmente gostaria era te dar um abraço. Como não estamos frente a frente, gostaria de que você se sentisse abraçado/a por meio das minhas palavras cheias de empatia, compaixão e amor puro. O que preciso te falar agora é que não há outro jeito de enfrentar esse desafio, a não ser encarando a realidade. Não há outro caminho, desistir não resolverá o problema, é necessário encarar e somente você poderá fazer isso por você, mais ninguém. O primeiro passo para que isso aconteça é – através dos seus olhos – enxergar a situação como uma oportunidade de ser uma pessoa melhor, de evoluir, ver como esse desafio pode se transformar em uma oportunidade de colocar vida em todos os dias da sua vida, independentemente de quantos dias forem, que seja até o último segundo com VIDA. Que ao final desse livro você se sinta acolhido/a e confortado/a por todo o amor que foi liberado sobre a sua vida através destas palavras. Que eu te encontre desfrutando da vida da melhor forma possível, junto Dele.

Sumário

Apresentação

Olá, eu sou o Dr. Hugo de Oliveira, um improvável. Também passei por uma situação chamada câncer, cujas adversidades foram contra a minha realidade, uma sentença de morte me foi decretada logo no diagnóstico, me deram apenas 3 meses de vida. Porém, houve uma palavra que modificou tudo aquilo que estava condicionado às falas humanas, o mundo espiritual e a determinação de Deus sobre tudo o que aconteceria na minha vida. "Essa doença não é para morte". Por isso estou aqui.

Com isso, a palavra "medo" foi substituída por coragem e por esperança.

Entrego aqui 40 pílulas de esperança e desejo que façam sentido para que você viva sua vida da melhor forma possível. Eu creio e defendo a cura da vida, no continuar, no andar, sonhar e acreditar, que seus melhores dias estão no seu futuro, e não em situações traumáticas do seu passado. Você tem em suas mãos 40 pílulas de esperança que te trarão calma, paz, entendimento e informação sobre tudo o que você está passando, pois eu e minha família estivemos aí um dia. Prepare-se para o que você vai viver nos próximos dias, eles vão transformar a sua forma de enxergar o câncer e a vida, se conectando com você e trazendo equilíbrio e expansão de consciência.

Eu te desafio a ler e praticar – se a transformação não acontecer ou se tiver motivos para agradecer, entre em contato comigo nas redes sociais, será um enorme prazer saber que você foi abençoado por meio desse conteúdo.

Ao final desse livro, desejo que você se veja transformado com alívio do sofrimento e caminhando em paz com a vida, vivendo feliz.

"Acredite no improvável".

Dia 1

Vamos ser gratos?

Comece a se dedicar mais para você do que para os outros!

Mesmo sem entender, você precisa ser grato. Você acabou de ser surpreendido por um diagnóstico terrível. Eu sei que dói. Já senti essa dor de ser surpreendido pela palavra 'câncer'. A sensação é de que a palavra mata mais do que a doença, pelo peso cultural que carrega.

Situações nos trazem medo, sentimentos ruins e questionamentos como: "Por que eu?", "Por que comigo?". Deve haver uma verdadeira turbulência na cabeça. É nesse momento em que as emoções ficam desordenadas. Elas vão oscilando entre a possibilidade da cura e o medo do pior e, por causa do medo da morte, muitas pessoas se desestabilizam, os pensamentos se desorganizam pensando no passado ou cogitando o futuro. Entramos em crise. Talvez os seus olhos estejam cegos e você não consegue se enxergar, se localizar em meio a isso tudo. Você precisa se adequar a essa nova etapa e reaprender a viver. Nesse momento tão desesperador de transformação, faça apenas uma coisa: busque onde está Deus na sua vida. Nada que o Pai faça tem uma intenção ruim, tampouco permitiu isso por maldade.

Você não está sozinho, Deus está junto de você. Não seja rígido e inflexível devido à raiva do momento. É importante você ter flexibilidade e resiliência para que você ouça Sua voz cuidando de você. A partir do momento que você se conectar com Deus, você encontrará seu lugar e sua missão no mundo. Esse encontro fará com que tudo passe a ter um sentido e um propósito. A doença traz a oportunidade de você rever como você olha pra você mesmo, para os valores que você possui, seus hábitos, e tirar tudo aquilo que não fazia sentido na sua vida, afastar tudo o que era superficial e não tinha valor.

Por exemplo, Deus vai trazer novas amizades e tirar quem não contribui na sua vida. Seja grato por tudo o que você está vivendo e pelas coisas boas que essa estação trará. Você está onde precisa estar. Torne-se uma pessoa melhor hoje.

Como colocar Vida no dia de hoje:

"Deus, eu quero agradecer pelos dias que eu estou vivendo, por mais desafiadores que eles sejam para mim, que eu possa ter consciência do que está acontecendo comigo e que eu possa estar pronto para receber a sua dose de amor hoje cuidando de mim. Fique comigo, Deus. Em nome de Jesus, amém".

Rendam graças ao Senhor, por Ele é bom; o seu amor dura para sempre. Bendito seja o Senhor.

Crônicas 16:34-36.

Dia 2

O poder do ouvir...

... e aprender.

Nós, como pais, naturalmente estamos na posição de ensinar e de conduzir nossa família e nossos filhos. Buscamos direcionar, falar e fazer com que nossos filhos aprendam com a gente. A partir do momento em que estamos na liderança, devemos enxergar que a fala é uma ferramenta que todos têm. Ela é uma ferramenta, e não o papel de liderança em si. Isso quer dizer que não devemos confundir as coisas, não é porque temos a voz que devemos ser autoritários.

Seus filhos precisam ser humildemente valorizados quando eles querem falar sobre os seus valores, sobre aquilo que os amedrontam e que os deixam tristes. Eles também devem ser ouvidos sobre aquilo que traz segurança, felicidade, sentimentos e atitudes que fazem com que eles se sintam amados. Quem está doente, quer ser ouvido.

Seja um bom ouvinte para quem precisa e quer ser amado, valorizado e respeitado acima de tudo. O ato de ouvir significa aprender aquilo que o Pai quer que você aprenda através dos seus filhos, por isso, OUÇA. Nós, como pais, precisamos aprender um com o outro, juntos e unidos, incondicionalmente. Foque para criar memórias incríveis, momentos de alegria, e não de tristeza.

Que possamos cultivar o bom repertório crescente e boa convivência, ora aprendendo, ora ensinando. Estamos na escola da vida. Dessa forma, podemos ser abrigo para nossos filhos. Assim, eles vão enxergar segurança em nós. E nós vamos aceitá-los como estão, e não apenas quando atingirem o nível que esperamos, segundo nossos julgamentos, desejos e expectativas. Que o amor como mandamento do nosso Pai seja a base do relacionamento, sem condições.

Que a família evolua com todos juntos, por meio da comunicação respeitosa, tendo compaixão e empatia como prática, na fala e na escuta para desfrutar de uma convivência saudável.

Como colocar Vida no dia de hoje:

"Deus, que eu possa ter sabedoria para aprender a lidar com cada situação que me desafia e que não posso controlar. Que eu possa evoluir neste novo momento de vida. Transforma-me com o Seu amor, ajuda-me a enxergar a solução dos problemas com os Seus olhos, guia-me, Jesus. Em nome de Jesus, amém".

Ouça, meu filho, a instrução de seu pai e não despreze o ensino de sua mãe. Eles serão um enfeite para a sua cabeça, um adorno para o seu pescoço.

Provérbios 1:8-9.

Dia 3

No dia mais difícil da minha vida, eu Te conheci

O dia mais feliz da nossa vida, é quando voltamos para o nosso Lar, o lugar para morar.

Você estava com a vida tão confortável e agradável antes de a doença aparecer, estava com a sua rotina diária de trabalho, estudos, atividades físicas, alimentação...

Sabendo o que fazer e como fazer, estava seguindo uma programação, quando foi surpreendido por algo ameaçador à vida. Sem escolha, você foi agressivamente arrancado do lugar onde estava e agora está nesta situação indesejada, vivendo uma "tragédia" ou um "desastre". Devido a essa surpresa apresentada pela vida, você se pergunta: "e agora?". Deseja voltar à fase anterior, remover essa cena da vida, mas a realidade que você está vivendo é um fato.

O que podemos aprender com isso?

Sobre voltar – voltar não significa fracasso ou derrota, pelo contrário, esse é o dia mais importante da nossa vida. A vulnerabilidade do retorno é o nosso lugar de abrigo, é onde tudo começa, o início da vida, de tudo. Você percebe todas as imperfeições humanas que foram adicionadas sobre você durante a caminhada. As pessoas tentaram, com suas dores e feridas, aperfeiçoar aquilo que já nasceu perfeito. Fizeram e falaram coisas indevidas para você que geraram sentimentos e experiências ruins.

Aperte o "Recomeçar" e remova tudo aquilo que não é seu e deixe apenas aquilo que vem dele. O meu desejo para você é que o 'voltar' seja muito mais do que recomeçar, que seja começar do jeito certo. Peça a Deus ajuda que Ele te ajudará, peça a restauração por completo. Que transbordem o amor, paz, alegria, esperança, paciência, amabilidade, generosidade, fidelidade e mansidão, mas peça um em especial, o domínio próprio. Que você possa sair da zona de desconforto e ir para o lugar mais seguro, transformando a sua história, infelicidade em felicidade e em plenitude, nos braços do Pai, no Seu lar.

Como colocar Vida no dia de hoje:

"Deus, por um tempo da minha vida eu desejei fazer as coisas do meu jeito, hoje estou ferido, machucado, todo quebrado e reconheço que errei. Peço que me aceite de volta, me perdoe. Estou arrependido, me refaça na versão original da Sua criação, nos Seus braços é o meu lar, é onde eu quero ficar. Obrigado, Deus. Em nome de Jesus, amém".

Então disse Jesus: "Deixem vir a mim as crianças e não as impeçam; pois o Reino dos céus pertence aos que são semelhantes a elas".

Mateus 19:14.

Dia 4

Enfrentando os desafios juntos

Não é para onde você vai, mas sobre quem está com você na caminhada.

Pai e mãe, que dia lindo foi aquele no qual vocês se conheceram e se tornaram um, sob o cuidado de Deus. A partir desse fruto, algo mais lindo ainda foi criado, a FAMÍLIA. Não bastasse a beleza de tudo isso, Deus concedeu o mais perfeito dos presentes, os filhos, a mais bela herança que podemos ter na Terra. Vocês vão deixar um legado à humanidade e vocês têm o direito de serem chamados de Pai ou de Mãe, uma atualização da sua melhor versão, afinal, faz parte da vida melhorar.

O momento de enfrentarem juntos um desafio é a maior demonstração do significado da palavra "amar", pois isso não coloca condição. Imaginem que a família de vocês está num barco, por mais que existam furos, imperfeições e desajustes, mesmo na necessidade de manutenção, ninguém deve abandonar o barco. Nesses desafios que percebemos que a família é uma unidade com o suporte de Jesus para suportar e enfrentar tudo.

Mas atenção, essa união não deve ser apenas física de cada um, como conviver sem se relacionar com intimidade, mas Jesus deve ser o centro, pois precisamos estar juntos dele. Nesse barco, jamais faltarão reparos e recomeços, pois Ele pode curar todas as feridas de cada um da família, se estivermos com o coração receptível. A partir desse momento, sua família experimentará a condução de quem sabe de tudo e entende o que cada um está passando e sentindo nesse momento, com exclusividade, transformando tempestade e turbulência em calmaria e serenidade.

Posso te dar uma dica? Foque nas boas memórias, nos bons momentos e no sorriso dos seus filhos/as, escute aquela música que diz que somos corpos, assim bem ajustados, totalmente ligados, unidos e vivendo em amor, uma família vivendo um compromisso.

Como colocar Vida no dia de hoje:

"Deus, minha família está precisando de reparos, está fragilizada, com dores, feridas que estão impedindo o nosso desfrutar da vida. Pai, peço que nos cure por completo, que faça do seu jeito, que a minha família possa ser feliz e saudável. Em nome de Jesus, amém".

O homem deve deixar seu pai e sua mãe para unir-se à sua mulher, de modo que ambos sejam uma só carne.

Gênesis 2:24.

Dia 5

Esta palavra me assusta

O que te assusta?

Eu me lembro do dia em que o câncer foi apresentado a mim. Foi uma situação que desestabilizou a todos. As emoções de todos da família ficaram desorganizadas, descontroladas e nós nos endurecemos, ficamos rígidos de tão aborrecidos que ficamos com o fato. Eu mesmo não me reconhecia e jamais imaginei que poderia estar nessa situação. Fomos tomados por uma crença cultural, contraditória sobre o câncer e a morte, de modo que por um período eu fiquei aprisionado nessa crença de que me roubou alguns dias de vida. Eu estava desolado e sem vitalidade, questionando se tal pesadelo seria parte da minha história.

Depois que eu entendi que o câncer não significa tudo, e sim uma porção que pesa (a palavra em si mata mais do que a doença devido à agressão emocional), eu recomecei e compreendi que a construção do sonho continua, do sonho de viver a VIDA. Eu finalmente aprendi a ser grato por todas as transformações que se iniciaram com a flexibilidade de me permitir VIVER. A doença não trouxe só coisas ruins, ela me permitiu identificar, reparar e curar todas as feridas e dores - acredite, até as mais profundas. Ela mostrou que eu arrastava um peso por não querer deixar um passado que estava em mim. Essa palavra tão temida que trouxe medo, na verdade, foi a oportunidade de VIVER uma vida de verdade, sem personagens, uma vida real.

A gratidão foi o sentimento que me moveu, desse modo eu quero que você também se mova e alcance outros patamares, sendo grato. Muitas pessoas vão querer procurá-los no passado, mas vocês já não estarão mais lá, vocês estarão no PRESENTE que Deus deu, em direção aos seus melhores dias, que estão no seu futuro conforme as suas decisões: lamentar-se ou ser grato?

Seja grato e corajoso para viver a vida sem máscaras, enfrentando-a sem filtros que mascarem ou disfarcem a realidade. Conhecendo a realidade, nada mais os assustará, vocês serão fortes e valentes. Que o valor esteja em quem podemos ser, e não nas situações que estamos. Não permita que as lamentações assaltem a alegria de VIVER.

Como colocar Vida no dia de hoje:

"Papai do céu, que as minhas emoções possam ser equilibradas, que eu possa ser corajoso, ousado e prudente em viver a vida da melhor forma, junto do Seu amor. Que o Senhor elimine todos os sentimentos ruins que roubam a minha alegria. Cura-me, ó Pai, comece nos detalhes. Em nome de Jesus, amém".

Eis que estou à porta e bato. Se alguém ouvir a minha voz e abrir a porta, entrarei e cearei com ele, e ele comigo.

Apocalipse 3:20.

Dia 6

Eu estou vendo a situação errada

Nem sempre é como você está pensando!

Há momentos em que a vida nos traz surpresas desagradáveis. Nesses momentos difíceis, perdemos a autoestima. Muitos perdem o emprego, perdem a família, os amigos abandonam, enfim, perdem tudo. Na vida de quem enfrenta a doença, não é diferente. Antes, estávamos rodeados de tanta gente, mas agora estamos enfrentando a solidão dentro de um quarto de hospital. Essa situação não é só pra quem enfrenta a doença. Imagine pessoas idosas que no final da vida precisam investir para ter alguém ali cuidando delas. Não sobra nada, aparenta ser um maltrato da vida.

Muitas pessoas perdem o sentido da vida e a alegria de viver.

Mas isso acontece por enxergarem os valores invertidos, vendo tudo da maneira errada. Em vez de se dedicarem à família, se dedicaram à avareza, luxúria, prostituição, aos valores capitais e até ao ódio, maquinando o mal. Isso também já aconteceu comigo, eu deixei de viver minha vida, a vida que Deus tinha reservado para mim. Meus olhos ficaram tão sujos que fiquei totalmente cego. Como consequência, eu já não escutava, não conseguia falar e nem me mexer.

Não deixe que isso aconteça com sua família. A situação real não é como a enxergamos quando estamos fragilizados e limitados pelas nossas feridas e dores. Há alguém que a enxerga por completo.

O melhor caminho é usar as lentes dos olhos de Jesus para que tire nossa cegueira, que nos faça enxergar a situação como ela verdadeiramente é, sem alarmar falsamente, mas sem desprezá-la. Que você volte a se encantar com os valores reais da família e que na prática você desfrute de uma vida abundante em todas as áreas da sua vida, pois família é projeto de Deus.

Como colocar Vida no dia de hoje:

"Jesus, eu estou cansado e desgastado por tudo que eu tenho vivido, estou confuso, muitas vezes fico com a minha mente tomada pelo medo e fico amargurado. Traga alívio para mim, Jesus. Remova tudo aquilo que me faz mal, abra os meus olhos, me dê carinho e amor, quero me sentir amado/a. Em nome de Jesus, amém".

E logo lhe caíram dos olhos como que umas escamas, e recuperou a vista; e, levantando-se, foi batizado.

Atos 9: 18.

Dia 7

Eu queria muito ter sucesso

O que é sucesso pra você?

Você já lutou para ter sucesso em alguma coisa? Muitas pessoas pensam que ter sucesso é ter um bom emprego, um cargo alto na empresa, uma boa profissão, repercussão social, casamento, um carro bom, casa e pessoas importantes ao lado. Isso tudo é muito bom e não há problema em desejar essas coisas, mas não podemos distorcer os conceitos. Eu acreditava que isso era ter sucesso na vida, e me dediquei a isso por muito tempo. Eu aprendi que o maior sucesso da vida é ser amado, mas genuinamente amado, com relacionamentos saudáveis e verdadeiros. O amor não vem por rótulos, e sim por sermos humanos e, nessa condição de pessoas frágeis, descobrimos os nossos talentos.

Tudo o que você é e pode vir um dia a ser está associado com o quanto você explora e potencializa o seu talento, não em aquisições de coisas para se mostrar externamente. Você pode abrir a boca e falar, você pode ouvir, se mover e pensar. Tudo isso que já vem instalado em nós já vem como cuidado do próprio Pai e isso já é motivo de ter sucesso. O sucesso que eu tenho é na verdade uma relação de lealdade com Ele e com minha família.

Quando eu entendi que o tesouro era minha família, eu passei a priorizá-los, então tudo foi acrescentado, pois o sucesso eu já possuía, minha esposa e meu filho, que veio anos depois.

Se dedique mais às coisas que o dinheiro não compra. Não há sucesso no mundo que valha perder a família. Cultive e cative o maior luxo de vida que é viver a vida com simplicidade na companhia do seu sucesso. Dedique-se mais à sua família, ela é o seu maior tesouro em vida, o seu topo do mundo, o maior patamar de sucesso é uma família, isso é inegociável. A família é mais importante do que o dinheiro, mais do que a própria doença.

Como colocar Vida no dia de hoje:

"Pai, eu errei e me enganei muitas vezes na vida me dedicando às coisas fúteis do dia a dia. Falei o que não devia, fiz o que era inadequado. Perdoe-me pelas minhas falhas, ajuda-me a cuidar da minha família, a restaure por completo. Que possamos ser felizes nesse convívio e aceitar cada um como é, convivendo uns com os outros de forma saudável. Em nome de Jesus, amém".

"Sigam fielmente os termos desta aliança, para que vocês prosperem em tudo o que fizerem.

Deuteronômio 29:9.

Dia 8

O que eu posso aprender com isso?

Não queira agradar todo mundo. Não seja injusto com você!

A vida me ensinou que existem comportamentos que parecem ser normais, quando na verdade não são. As pessoas chegam a agir de forma automática em áreas que deveriam ter mais atenção. Por exemplo, eu vivia querendo agradar os outros. Por conta disso, deixei de lado a criatividade, naturalidade, espontaneidade e minha identidade. Eu retribuía a cada um conforme desejavam. Fui injusto comigo e injusto com os outros, pois agia de forma mecânica.

Quando você desligar o modo automático, se permitirá conhecer a si mesmo e se encantar com as próprias emoções, e sentir à flor da pele o tempero da vida. Não queira agir de forma automática, agradando os outros e desagradando a si mesmo. Há situações em que você vai sentir fúria e alegria, mas é preciso administrar as emoções.

Sabe qual a chave para tudo isso? Ter equilíbrio, e para ter equilíbrio é preciso apresentar-se da maneira como somos, autênticos. Na minha vida, eu me apresento de forma crua e verdadeira. Foi ao me despir de todos os personagens que passei a não querer mais agradar a todos. A partir daí, eu passei a ter equilíbrio e a sentir a vida da forma como ela se apresenta e hoje eu me apresento da forma como eu sou: humano.

Tome a decisão de remover todos os personagens criados para conviver no agrado dos outros. Muitos não são o que falam ou o que fazem, por estarem vivendo com máscaras.

Resgate sua originalidade e sua essência. Tome a atitude de ser você, do jeito que Deus te criou, e não como os homens te inventaram.

Como colocar Vida no dia de hoje:

"Deus, expanda a minha consciência, equilibre as minhas emoções, remova de mim todas as invenções humanas que me deixam confuso, para que eu passe a ser apenas UM, original, do jeitinho que você me criou. Eu quero agradar somente a Ti, que eu me encante comigo. Em nome de Jesus, amém".

O Senhor é refúgio para os oprimidos, uma torre segura na hora da adversidade. Os que conhecem o teu nome confiam em ti, pois tu, Senhor, jamais abandonarás os que te buscam.

Salmos 9:9-10.

Dia 9

Seja quem você nasceu pra ser

A partir de hoje, sua vida vai mudar!

Hoje faz todo o sentido ser quem eu sou. Hoje eu me apresento de maneira natural e original como eu fui criado. Assim como você, eu tenho imperfeições, medos, angústias e traumas. Mas eu também tenho virtudes, valores, qualidades, habilidades e peculiaridades.

Quando as pessoas passam a te conhecer, elas veem que nós não somos perfeitos, elas conhecem nossas versões boas e ruins. Pode ser que muitos ainda rejeitem o lado ruim, mas independentemente da forma que olharem pra você, o importante é que você mesmo saiba quem você é e a sua identidade em Jesus. Ao saber quem você é, pouco importa aquilo que falam sobre você. O olhar de fora e palpites de pessoas que não te conhecem intimamente não têm sentido e nem valor. Escolha bem a quem ouvir, ouça as palavras que são como combustível em seu tanque, impulsionando você a viver a vida com a direção dEle em você. Caso contrário, não haverá sentido nenhum em ouvir e viver fora da missão que Ele tem pra nós, nos removendo da rota.

Também é importante saber quem você é dentro da sua família, cada membro com sua missão, cujos pais com sabedoria adicionam combustível para impulsionar os filhos, se dedicando primeiramente à família, direcionando, protegendo e colocando limites necessários para o crescimento e desenvolvimento de cada um em conformidade com os princípios e valores cristãos. Afaste tudo aquilo que é ruim, ambientes, pessoas, deixe tudo limpo e arejado. Seja maduro, não atrapalhe ninguém em sua missão por apego emocional, deixe adentrar apenas quem for escolhido por Ele para contribuir na evolução da família, seja responsável, cuide de si e de sua sagrada família. Você é amado do Pai.

Como colocar Vida no dia de hoje:

"Jesus, me ajude a sair dos lugares impuros que eu frequento, das pessoas que estão me atrapalhando com imoralidade e me conduzindo para longe da Sua Verdade. Me auxilie a ser maduro e agir em conformidade contigo, sendo guiado e cuidado com o Seu amor. Em nome de Jesus, amém".

Vocês, porém, são geração eleita, sacerdócio real, nação santa, povo exclusivo de Deus, para anunciar as grandezas daquele que os chamou das trevas para a sua maravilhosa luz.

1 Pedro 2:9

Dia 10

O desembarque é melhor do que o embarque

Observe suas bagagens!

No dia em que me apresentaram essa doença chamada 'câncer', eu percebi que eu trazia uma bagagem. Nela eu carregava tudo aquilo que eu havia acumulado na minha vida, desde as coisas boas até as ruins. Foi durante o tratamento que eu descobri que muitas coisas que estavam nas minhas bagagens não pertenciam a mim. O problema foi que muitas coisas que estavam lá dentro estavam pesando e algumas eu precisaria deixar, se eu quisesse continuar caminhando, continuar vivendo. Mesmo que a vida demonstrasse pra mim um futuro incerto (serei curado ou morrerei?), eu percebi que, em vida, podemos já não ter mais vida.

É como se eu estivesse num navio que passaria rapidamente no porto que eu desejava desembarcar. Eu precisei deixar as bagagens para poder desembarcar, pois o desembarque (a tão sonhada cura – o tão sonhado porto) deveria acontecer sem aquelas bagagens. Eu precisei largar o peso que eu carreguei por tanto tempo. Deixei o lixo, a tristeza, a amargura, a raiva, o ódio, palavras, crenças, traumas e limitações que eu permiti que colocassem em mim. Eu percebi que, para colocar esses pesos ruins, as pessoas sufocaram aquilo que era meu, fui sendo ofuscado, perdendo o brilho e a força de viver.

Por se reconhecer na mesma cena do que eu, você pode se perguntar: "O que eu faço?". É uma decisão simples e dura de tomar. Para eu viver os melhores dias da minha vida, eu deixei tudo para trás, me importando apenas com o dia de hoje, vivendo um dia por vez, uma vitória por dia e um milagre a cada amanhecer. Assim continuo até hoje, e a pergunta que eu faço é: "Por que continuo?". Porque tem muita vida para se viver a cada dia.

Como colocar Vida no dia de hoje:

"Meu amigo Jesus, obrigado por tudo o que tenho e o que tive até aqui. Agora me ajude a eliminar todo o lixo, coisas ruins que eu carreguei por engano e desconhecimento da Verdade. Me ajude a ter foco na vida, me dê uma porção generosa de sentimento de gratidão em tudo o que vivi e naquilo que ainda vou viver. Quero sonhar com o futuro que Tu tens para mim. Em nome de Jesus, amém".

O poder do Senhor se aperfeiçoa na nossa fraqueza.

2 Coríntios 12:9

Dia 11

O que o dinheiro não vai poder comprar?

Tudo o que você investiu não consegue comprar aquilo que você tanto deseja: a vida.

Todos nós queremos trabalhar e trazer prosperidade para a nossa casa. Passamos anos buscando ter coisas para aproveitar a vida. O câncer não escolhe cor, raça e nem credo. Às vezes ele surge na vida de uma criança de família pobre, às vezes em uma família muito rica, sem distinção cultural. Ambos percebem que nesse momento, a vida não tem preço, que a riqueza da vida não está em ter, e sim em ser. Os pais percebem que muito do que foi investido foi para fora, para a construção do sonho dos outros ou feito para os outros, construindo lugares errados. Os pais percebem que nem os bens, as empresas e os carrões de luxo são a cura para o seu filho. Identificar que estavam vagando na vida por distrações apresentadas por ela levando para bem longe de si é uma constatação triste. Neste momento, os pais e familiares são capazes de investir tudo o que têm, substituir fortunas econômicas para não ter que ver o filho deitado numa cama.

O dinheiro não compra restauração de vida, também não é capaz de te fazer voltar ao passado. Muitas pessoas estavam ao seu lado apenas para usufruir aquilo que você possuía materialmente. Não olhe para o passado, não queira comprar pessoas, não queira comprar um alívio, pois hoje é você quem está gritando por alívio e percebeu que isso o dinheiro não compra.

De tudo o que você está vivendo, eu quero que te reste apenas uma coisa para você viver em abundância: o amor! O amor de Jesus envolve, traz a prosperidade verdadeira, esse é o combustível que te impulsiona para viver uma vida verdadeira, sem se importar com a quantia no banco, tampouco com o rótulo da doença. O seu maior presente é a sua presença junto do seu bem maior, a família. O valor está em enxergar onde está o verdadeiro amor, como exercê-lo e como praticar com sua família, levando você a ter a riqueza tão almejada. Neste momento, você percebeu que tudo que tem valor o dinheiro não compra, é com o tempo que se conquista, por isso, invista o seu tempo junto de sua família.

Como colocar Vida no dia de hoje:

"Mestre Jesus, me auxilie a entender o amor como mandamento, que eu possa receber esse teu amor de forma abundante, que eu possa me sentir amado de forma incondicional, que eu enxergue o real sentido da vida com amor, que os meus valores sejam os Seus em mim. Ensina-me a investir na minha família e tornar-me rico como você ensina a riqueza. Mostre-me o seu amor. Em nome de Jesus, amém".

Se não tiver amor, nada serei.

1 Coríntios 13 [leia todo o capítulo com sua família]

Dia 12

A vida não precisa de palco

Nem de aplausos.

Nas celebrações, nas datas comemorativas, nos momentos em que somos reconhecidos, geralmente esperamos que tenha um grande público para nos prestigiar e nos sentirmos importantes. Valorizamos os números. Nesse contexto de doença, talvez você se encontre sozinho ou com poucas e raras pessoas ao seu lado. O seu olhar distorcido, achando que o volume é quem faz a diferença, vai fazer com que você se frustre e queira cada vez mais a companhia de várias pessoas, que na grande maioria não vão adicionar valores que possam ser guardados – e isso seria raso e superficial o "bastante". Escolha ficar ao lado de pessoas raras que causam um impacto positivo somente pelo fato de existirem, cheias de amor. Permita-se envolver com o amor.

Entenda: o melhor palco que podemos subir não é o de madeira e de ferragens com estruturas para grandes eventos, mas é a nossa história, aquela que construímos sendo o protagonista. Aprofunde-se na sua história, olhe cada detalhe com os bons olhos de empatia e de compaixão de Jesus para contigo, a conheça, veja cada passo que você deu. Faça isso conscientemente e reconheça que o caminho te fez crescer e se desenvolver por todas as adversidades superadas. Você é um ser humano melhor. Que o seu foco seja cada vez mais em você e na sua família, não na plateia que vai embora depois que o "desejo ou a necessidade" é saciada. Que ao olhar para o espelho, você seja capaz de ver o seu agradecimento e reconhecimento, você para consigo mesmo, mas não de um jeito egoísta, mas enxergando o amor dEle.

Perceba que você precisa apenas de uma pessoa, a pessoa dEle em você para te guiar na escalada da vida. Coloque foco na própria vida - eu disse VIDA, não no sofrimento emocional que você está passando agora, afinal, a vida é curta para quem não tem o que viver e longa para quem tem o sentido de viver. Qual o seu sentido de estar vivo? Reflita, o que esse momento está te oferecendo? Se necessário, refaça a sua rota.

Como colocar Vida no dia de hoje:

"Amado Jesus, frente a este momento difícil que eu tenho enfrentado, aos meus olhos eu preciso de cuidado, esperança, amor e perdão. Não quero mais viver nas companhias erradas, amizades que não me acrescentam e pessoas que me ferem. Quero aprender a ser o protagonista da minha vida. Traga para perto o que é Seu, tire os palcos da enganação, conduza-me na minha estrada da vida, caminhe comigo. Em nome de Jesus, amém".

Parem de confiar no homem, cuja vida não passa de um sopro em suas narinas. Que valor ele tem?

Isaías 2:22

Dia 13

Se você não estiver nesse ambiente consciente, acabará se perdendo em suas emoções

Elimine toda a poluição!

É importante ter entendimento sobre o processo que você está passando, e isso é algo que você vai fazer em silêncio. Cuidado com histórias e opiniões vizinhas, de pessoas que não estão vivendo a sua realidade. Isso vai alimentar suas inseguranças, suas crenças, seus medos e fortalecer os seus traumas, principalmente os da sua família. Você verá que nem tudo o que te falaram durante a vida sobre o câncer é verdade de fato. A maioria é mito. Não só as pessoas que não vivem sua realidade, até as redes sociais e a TV podem ser um veneno nesse processo.

Eu não digo isso porque pode haver risco de seu filho vir a óbito, ou que silenciar os ouvidos para essas coisas vá fazer com que ele seja curado. Não, é preciso o diagnóstico correto e o tratamento assertivo para a sua cura. A positividade, distração, good vibes e agradabilidade não vão curar as suas feridas. Coragem!

Seja amigo do seu problema e entre com a solução na decisão de colocar debaixo do tapete ou ser curado. Eu digo isso porque vai faltar vida na sua vida, você ficará perdido em suas emoções a ponto de ser dominado e de perder a sua consciência. Cuidado com isso, não deixe de viver situações e momentos que realmente valem a pena, sorrisos que gravam no nosso coração, frases que ficam na memória e abraços que aquecem a alma.

Existem coisas mais importantes do que a opinião de quem não entende o que você está vivendo. Mesmo que sejam boas, não se alimente delas. Você só vai poder viver se estiver inteiro. Então, elimine toda a poluição e se abasteça de informações adequadas e corretas - por mais que sejam duras - e seja livre dentro disso tudo para continuar sonhando com seus filhos e sua família. Tenha perseverança e jamais se debruce sobre o medo e as palavras indevidas. Suporte o processo.

Como colocar Vida no dia de hoje:

"Querido Jesus, percebo que muitos desejam e querem me ajudar em suas intenções, querendo ter importância, porém não sabem o que eu estou sentindo e passando de verdade. Eles trazem poluição através de palavras, gestos, atitudes que não contribuem e eu fico poluído de tanta bobagem.

Remova tudo, Jesus. O que me faz mal e não faz sentido, tudo que é incoerente. Deixe somente o que é importante e me faz bem, purifica-me. Em nome de Jesus, amém".

Nem olhos viram, nem ouvidos ouviram, nem jamais penetrou em coração humano o que Deus tem preparado para aqueles que o amam.

1 Coríntios 2:9

Dia 14

Ninguém dura para sempre.

É passageiro.

A nossa vida pode ser comparada com as ondas do mar. Todo dia elas vêm, mas um dia voltam. Toda onda vem e permanece na nossa vida o tempo que precisa estar lá. Assim é com as pessoas. Toda onda traz consigo aquilo que ela carrega. Na areia, elas deixam as pérolas, as preciosidades, mas também muitos entulhos que ainda fazem parte desse processo. No momento em que onda e areia se encontram, é impossível perceber tudo, mas quando a onda vai, você poderá ver o que ela trouxe e deixou aos seus pés.

Não podemos nos encantar somente com a onda e nem somente prestar atenção naquilo que ela deixou de sujeira, porque ninguém é perfeito. As culturas diferentes nos ensinam profundamente, somos capazes de abrir a nossa mente e de perceber que tem algo bom em todo ser humano. Isso permite mudar a nossa forma de pensar, senão você não sai do lugar, mesmo se desejar. Durante a jornada em que está você - a onda e a areia juntos -, observe que vocês estão aprendendo. Valorize tudo de precioso que você pôde encontrar nela. Na areia, vão ficar a estrela do mar, conchas lindas e peixes que alimentarão boas histórias.

Relacionamentos são difíceis e desafiadores. Muitos dos relacionamentos - mesmo nas famílias mais espiritualizadas - pessoas são imperfeitas e se ferem, machucam, isso é o ser humano comum, pois percorremos caminhos diferentes, nossas histórias são diferentes. É necessário ter empatia e compaixão com o outro para compreender por que cada um age da forma que age. É a revelação sobre si. Desta forma, se por acaso ainda houver alguma mágoa, tristeza, necessidade de perdão, culpa ou qualquer coisa que possa estar ferindo, escreva nessa própria areia. Ao escrever tudo isso, a onda voltará e apagará tudo aquilo que você escreveu para que não fique nada do passado, que sobrem só as preciosidades para você continuar caminhando para o futuro, onde estão os seus melhores dias. Aceite o que Deus está te oferecendo, pois é o que você precisa, aceite os tesouros que a vida te entrega, construa um legado. O resto deixe na areia...

Como colocar Vida no dia de hoje:

"Papai do céu, em todas as relações humanas deixaram algo que não foi bom. Por algum tempo, eu fiquei apegado às coisas ruins, por ter um peso maior emocional, mas hoje eu decido deixar na areia tudo o que é ruim, que me aprisiona, para somente permanecer o que tem o seu valor. Ajuda-me a me perdoar e perdoar todos que são imperfeitos assim como eu. Ajuda-me a ser melhor, quero ser como você, Jesus. Em nome de Jesus, amém".

Eu, eu mesmo, sou o que apago as tuas transgressões por amor de mim, e dos teus pecados não me lembro.

Isaías 43:25

Dia 15

Vamos falar do amor?

Tudo na vida é uma escolha!

Culturalmente entendemos que amar envolve palavras de afirmação como "*eu te amo*", "*eu gosto de você*", "*venha aqui*", "*chegue mais perto*", ou até o toque físico como um abraço. Talvez para você essa seja a essência do que significa amor. Muitos demonstram amor entregando uma xícara de café, trocando uma lâmpada, ajudando a fazer uma *pipa*, ou seja, prestando um serviço. Há pessoas que demonstram amor escutando um amigo com problemas ou inclusive dando um presente sem data comemorativa.

Isso tudo também é válido, pois está nutrindo e deixando vivo esse amor. Isso significa manutenção. Tudo pode ser amor, sim, mas ele não se limita apenas a isso. Precisamos ir mais profundo.

Isso tudo se torna insuficiente quando você entende o amor como não sendo apenas o apego emocional sobre alguém - pois o amor vai exigir muito mais de você, ele vai exigir que você PERDOE, uma vez que ele permite o descanso na mente e na alma com a PAZ. O ato de perdoar significa o ato mais lindo e verdadeiro do amor.

Amor como mandamento não se move por sentimento, ele é demonstrado na dificuldade. É ajudar quem está caído a se levantar, não julgar, não focar em destruir e potencializar o erro do outro, não sufocar, não pedir nada em troca. Ele deixa a vida mais leve, não expõe as fragilidades das pessoas, socorre quem está ao seu lado. AME a si mesmo e estenda esse amor ao próximo.

Vamos visitar nosso próprio interior, reconhecendo as nossas falhas e erros e precisamos ser amados. Tenha a coragem e a ousadia de aceitar que ser pai e mãe é amar, mas amar no sentido verdadeiro, perdoando uns aos outros, perdoando a si mesmo, pois o seu melhor está sendo feito.

Decida AMAR, pois o amor ajuda na transformação do seu mundo em primeiro lugar.

Como colocar Vida no dia de hoje:

"Amado Jesus, eu quero conhecer o verdadeiro e puro amor do seu mandamento. Quero me sentir cada vez mais amado. Que eu possa praticar o amor todos os dias da minha vida, amando a mim e aos outros. Que o perdão faça parte do meu dia a dia comigo e com os outros e que eu tenha sempre a paz em minha mente. Que eu seja um agente de amor e de paz na transformação do mundo. Em nome de Jesus, amém".

Se confessarmos os nossos pecados, ele é fiel e justo para nos perdoar os pecados e nos purificar de toda injustiça.

1 João 1:9

Dia 16

O trabalho

Não confunda as coisas, não confunda o seu valor!

Desde a infância, nos foi colocado na cabeça que precisamos trabalhar na vida para "ser alguém". O problema acontece quando isso é colocado como um pré-requisito para sermos relevantes para a sociedade. Isso não tem nada a ver com o trabalho. Essa distorção dos valores nos leva a desejar conquistas sociais que não significam nada. Você é somente uma pessoa dentro de milhares existentes no mundo. O rótulo de médico, engenheiro, empresário, recepcionista, motorista, açougueiro ou balconista pouco importa na verdade.

Trabalhar, na verdade, significa construir sonhos. Para isso, precisamos nos dedicar em construir os nossos sonhos diariamente onde nos entregamos por completo.

Todos nós temos um propósito aqui na Terra, esse sim é o nosso grande desafio, se entregar para ele com o nosso melhor. Não é produzindo alguma coisa que vai gerar o seu valor, mas na maneira como você cuida daqueles que estão perto de você, da pessoa que você vê no espelho todos os dias, da diferença que você faz no ambiente que você frequenta. Você constrói o seu sonho investindo em você, com o autocuidado, cuidando do próprio corpo por inteiro, com coisas básicas que realizamos diariamente, como sono, alimentação, exercícios físicos e higiene emocional. Desta forma, os cuidados se estendem para a sua família por meio do exemplo.

Respeite a palavra saudável, os limites do próprio corpo a cada dia, para que ele esteja renovado para avançar todos os dias na construção do sonho, dentro das melhores condições. Faça com que o seu tempo, talento e tesouro sejam depositados em missão. Ser mãe, ser pai ou filho já é um grande talento, mas não foque em prioridades no trabalho. A boa dose é o equilíbrio, ela é fundamentada com a prioridade em Deus, seguido da família e após o empreendedorismo. Organize-se nessa linha de prioridade, pois não há sucesso individual que possa substituir o valor de uma família. Família é projeto de Deus, é o nosso abrigo.

Como colocar Vida no dia de hoje:

"Deus, meu papai, estou entendendo que tudo começa em ti. Ensina-me a organizar a minha vida, a minha casa e coloque as coisas em ordem. Que eu tenha sabedoria para entender a minha missão e dedicar-me para a construção dela, que eu passe a não trabalhar por dinheiro, mas pela motivação de um mundo melhor, começando em mim. Transforma-me, quero ser estratégico em suas mãos. Em nome de Jesus, amém".

"Amados, amemo-nos uns aos outros, porque o amor é de Deus, e qualquer que ama é nascido de Deus e conhece a Deus. Aquele que não ama não conhece Deus, porque Deus é amor".

1 João 4:7-8

Dia 17

A humildade

Qual o interesse das suas ações?

Assim como muitas pessoas, talvez você tenha aprendido culturalmente que a humildade está associada a entregar a alguém aquilo que ela ainda não possui - e não há nada de errado nisso. O problema é que por trás dessas atitudes camufladas por um conceito deturpado estão a arrogância, o egocentrismo, a vaidade e o ar de superioridade. Nas datas comemorativas, por exemplo, como dia das crianças, dia dos pais, das mães e no Natal, existem aqueles que querem visitar pessoas carentes, em situações econômicas críticas. Ali, entregam uma pequena doação que faz com que as necessidades momentâneas sejam supridas, como uma dose anestésica na situação, um alívio. Mas não gera transformação. Elas continuarão naquela mesma situação.

Tem uma pergunta que faz muita gente refletir: "*Dar o peixe ou ensinar a pescar*?". E agora, o que fazer numa situação dessas? Se você der o peixe, provavelmente deixará essa pessoa aprisionada, dependente de você. Nesse caso, ajude-a a dar o primeiro passo para pescar e ter liberdade para ser curada e ser geradora de recursos de sustentabilidade própria e para sua família.

Dê um abraço em alguém que está mal vestido, ensine essa pessoa a procurar um lugar para banhar e ter novas vestes, ensine as pessoas a serem geradoras de recursos e não faça mais atos de caridade como sinal de humildade. A humildade está em olhar para a necessidade do próximo e ensiná-lo a gerar recursos para preencher sua fome, gerar mais apetite de vencer. Dê colo para quem sofre, sorria para uma pessoa de fisionomia diferente. Quer ser humilde? Reconheça seus limites e aja dentro daquilo que você pode. Ajude quem está receptivo e deseja a transformação. Pois ninguém muda ninguém. Pessoas assim são transformadas pelo desejo de serem semelhantes a quem admiram.

Todos nós temos o que aprender uns com os outros. Um relacionamento começa com comunicação, por isso esteja disposto a fazer a leitura correta antes de qualquer ação. Talvez a humildade esteja somente em seus olhos, não no coração de quem está recebendo a sua doação. Aprenda a fazer o que tem importância ao outro e não o que é importante para você. Se você se importa, seja humilde. Coloque-se no lugar do outro, ouça antes de agir e ofereça o que o outro precisa, não o que deseja. Seja um agente de transformação com a verdadeira humildade.

Como colocar Vida no dia de hoje:

"Jesus querido, ajuda-me a ser humilde, esmagar o meu orgulho e ego que fazem com que eu erre por ser fechado a ouvir. Trabalhe em mim, que eu possa doar ao meu próximo o que lhe fará bem, o desenvolvendo e auxiliando a romper as suas limitações para se tornar independente, fonte geradora de vida. Capacita-me para respeitar os limites e aprender a realmente ajudar com amor quem necessita. Em nome de Jesus, amém".

Venham a mim, todos os que estão cansados e sobrecarregados, e eu darei descanso a vocês.

Mateus 11:28

Dia 18

Não busque agradar a todo mundo.

Você é original?

Nós somos frutos de muitos relacionamentos amistosos não verdadeiros que são baseados apenas na necessidade de querer agradar, ou seja, muitas pessoas se posicionam de modo que deixem o outro confortável em relação às suas emoções. Às vezes precisamos vestir máscaras, assumir o personagem para conseguir conviver e conseguir se relacionar com alguma pessoa, mudando em cada ambiente.

O problema é que isso nos afasta de nós mesmos. Acabamos perdendo a nossa essência quando vivemos de fora pra dentro. A única saída para não se prejudicar nisso tudo é ser verdadeiro e original com você mesmo e com as outras pessoas. Somente dessa forma conseguimos nos manter de pé e sustentar os relacionamentos. Isso não quer dizer que você deva sair cuspindo suas opiniões, agredindo os outros, mas você não precisa de máscaras para se relacionar apenas para não desagradar as outras pessoas. Falar a verdade pode te trazer prejuízo no momento, mas o melhor é a paz que fica com você. Por isso, decida ser verdadeiro, pois isso traz segurança.

Ser original é como uma semente. No plantio, você não entenderá muito bem, seu solo estará vazio e, muito provavelmente, você a plantará sozinho. Entenda que a semente germina e, quando isso acontecer, muitos irão te respeitar do jeito certo. Você nunca mais vai precisar agradar aos outros e desagradar a si mesmo. As pessoas podem ficar desconfortáveis com a verdade, mas isso garante um final agradável consigo.

Aprenda a dizer não e não entre em situações desconfortáveis por desejo de agradar ao outro. O cúmplice tem peso semelhante ao que pratica o erro, afinal somente existe o mentiroso porque tem quem escuta a mentira. Corrija a rota e avance para ser verdadeiro. Seja original, as pessoas te respeitarão e se encantarão com quem você é e com a sua missão.

Como colocar Vida no dia de hoje:

"Jesus, nos ensine a prática dos seus princípios e valores. Que eles blindem nossas ações para que sejamos verdadeiros e originais como você nos criou. Que eu crie esse hábito e pratique de forma natural, espontânea e sem esforço, desfrutando do melhor que eu posso ser e fazer pelo outro. Que o Espírito Santo seja o nosso ajudador e que nossas ações sejam cheias de bondade. Em nome de Jesus, amém".

O Senhor enxugará as lágrimas de todos os rostos.

Isaías 25:8

Dia 19

Sobre ter equilíbrio

Repense este conceito!

Muitos de nós vivemos uma situação de malabarismo sobre a própria vida. Precisamos corriqueiramente nos equilibrar e adequar-nos a cada desafio da nossa vida. Devemos estar abertos para as relações, flexíveis para saber lidar com cada tipo de personalidade, temperamento, culturas, pois isso é necessário para o convívio social e o relacionamento humano. Eu quero ir um pouco mais profundo sobre esse conceito de equilíbrio, porque hoje é fundamental desenvolvermos inteligência emocional para lidarmos com expertise em cada situação.

O equilíbrio não tem nada a ver com o ambiente externo que você convive ou frequenta, na verdade está com você e em você, na habilidade de identificar, legitimar e gerenciar as suas emoções, apesar de elas serem agradáveis ou desagradáveis. É como um cantor que ao chegar ao palco, se prepara e treina para o show, independentemente da situação. A capacidade não está no ambiente externo, mas nele como pessoa, no seu talento como ferramenta.

Quando entendemos isso, colocamos sentimentos nas nossas ações, isso mesmo, colocando as emoções para trabalhar a favor da razão. Você fará a coisa mais incrível que pode acontecer: tocar o coração de alguém. Quando você entender que tem equilíbrio e que ele vem de dentro de você, a sua razão domina as suas emoções, não as bloqueando, mas aprendendo a lidar com elas, gerenciando-as, finalmente você colocará sentimento coerente em tudo o que fizer, e entregando aquilo que tem de melhor, com o coração trabalhando em função da mente. Ao pôr tudo isso em prática, em vez de você ter de se adequar ao ambiente para ter equilíbrio nos relacionamentos, você próprio irá equilibrar o ambiente, pois você tem algo diferente. Você encontrará sua alta performance em tudo que fizer, associado ao seu talento. Você e sua família não têm limites, vocês nasceram para voar alto mantendo o equilíbrio entre a mente e o coração. Eu acredito que você, com seu potencial em transformar uma geração, torna-se imparável com Jesus.

Como colocar Vida no dia de hoje:

"Deus, organize as minhas emoções, ajuda-me a controlar meus impulsos incoerentes, ajuda-me a equilibrar a minha mente e o meu coração. Que eu possa utilizar o meu talento da melhor forma para impulsionar a minha missão, eu quero voar contigo, Jesus. Em nome de Jesus, amém".

A sabedoria é o principal; adquire, pois, a sabedoria, emprega-a em tudo o que possui.

Provérbios 4:7

Dia 20

Compreensão

Aprenda a acessar o coração de alguém!

O mundo e as pessoas com as quais nos relacionamos precisam ser compreendidas, entender o porquê de suas atitudes e o que está por trás das suas ações. Essa compreensão pode ser através de um olhar amoroso no qual você pode questioná-la sobre como foi a sua trajetória até o ponto deste encontro em específico, quais foram os fatos marcantes da sua vida. Não esqueça de que você tem uma visão limitada e só ela saberá responder sobre as coisas pelas quais ela teve de passar. Somente a pessoa que vivenciou o fato pode contar com veracidade a respeito dele e das marcas que o registram. Esteja aberto com empatia e compaixão, sem modelar a história aos seus olhos, somente assim você poderá ter entendimento mais próximo do real.

Quando você começar a se preocupar com o outro, você conseguirá o acesso ao seu coração, apenas pelo fato de ter aprendido a compreender a situação verdadeira. Nesse processo, você será o maior beneficiado, pois um coração com essas características demonstra que é ensinável. O mais bonito do processo de compreensão não está naquilo que queremos dar segundo a nossa compreensão, pois aquilo que é confortável para você pode não ser para ela. A pessoa permite te ensinar com a experiência própria e você tem a oportunidade de adquirir experiência.

Busque compreender para poder ajudar essa pessoa na situação que ela se encontra hoje. Não coloque seus preconceitos, julgamentos, nem seus conceitos ou até seu ponto de vista sobre determinado assunto, não é assim que você irá acessá-la. Faça primeiro a leitura correta do cenário, tendo consciência e sabedoria para compreender do que as pessoas precisam e o que você pode oferecer-lhes, da forma mais linda possível. Entenda que nessas relações dinâmicas, hoje você pode ser o professor, mas amanhã você será aluno, pois cada um tem uma porção de vida que pode servir de lição, mas precisamos gastar e investir tempo buscando compreender as pessoas para assim ajudá-las em seu crescimento e desenvolvimento. Ser maduro é ser compreensível.

Como colocar Vida no dia de hoje:

"Deus amado, eu quero aprender a ser um bom ouvinte e atento às pessoas. Que eu possa ser sábio e ajudar de forma intencional e estratégica cada um com o qual eu me relaciono, compreendendo e sendo cada vez mais maduro, mas que eu possa primeiramente me compreender. Em nome de Jesus, amém".

Muitos serão purificados.

Daniel 12:10

Dia 21

É necessário acreditar...

...mesmo que você não consiga!

Durante essa fase, provavelmente você deve estar desesperançoso e quem sabe, desacreditado na cura. Muitas famílias passam a ouvir superstições, misticismo e a fazer promessas vazias, muitas vezes apenas fruto do resultado emocional do estado delas. Talvez aquela dica ou opinião tenha servido para essa pessoa em algum momento, mas isso não quer dizer que dará certo pra você. Cuidado ao tentar executar receitas que deram certo para outras pessoas, fitinhas amarradas em lugares milagrosos, chás que prometem curar ou até fazer promessas que você não dará conta de cumpri-las, sacrificando ainda mais o seu estado de fragilidade emocional. Não precisa buscar alguma válvula de escape pensando que, se fizer algum sacrifício, a cura virá. Não precisa andar dezenas de quilômetros e nem começar algo novo acreditando que, se isso for feito, a cura será alcançada, não condicionada às suas atitudes. Isso na maioria das vezes é puramente para a sua satisfação emocional.

É uma confusão de entendimentos errôneos do ser humano, pensamentos sombrios. É necessário irmos à raiz e entendermos o porquê de estarmos agindo assim, se faz sentido racional essa escolha, ou se estamos apenas praticando sem entender o fundamento disso, pois assim não iremos sair do estado de sofrimento. Para conseguir encarar a realidade e não fugir dela, você precisará fazer as perguntas mais duras, claras e desafiadoras sobre o estado da sua saúde ou a do seu filho. Apenas conhecendo a verdade será possível conhecer as possibilidades e as estratégias coerentes para o sucesso, neste caso, a cura. Talvez você esteja tão confuso, desesperado e buscando algo de fora, para disfarçar a sua cegueira, para trazer aquilo que você não tem, o controle da situação, que não está em suas mãos.

Você pode não saber, mas tudo o que você está buscando é consciência e paz. De alguma maneira, você está querendo correr da dor e se alimentar de um alívio momentâneo de prazer. Mas não se desespere. Eu te garanto que consciência e paz estão em um lugar especial. Coloque os pés no chão e desenvolva a consciência para enxergar a situação a partir da ótica dEle. Que as suas ações sejam assertivas e direcionadas sobre aquilo que Ele deseja.

Como colocar Vida no dia de hoje:

"Deus, meu pai, eu não sei mais o que fazer, estou em desespero, já não tenho forças para olhar a verdade, quero e busco correr e recorrer ao milagre. Por desânimo e fraqueza, aceitei coisas malucas, mas reconheço que errei. Auxilie-me a ter consciência e aceitar a realidade que eu não posso mudar, faz um milagre em minha vida, Jesus, eu quero recomeçar. Em nome de Jesus, amém".

Tudo é possível ao que crê.

Marcos 9:23

Dia 22

Você está dentro de uma tempestade

Calma que tudo vai passar!

Eu não sei exatamente como a palavra doença ou câncer foi verbalizada a você, mas tenho certeza de que, independentemente de como ela chegou, ela te feriu e te trouxe tempestades, rebeldias e turbulências internas e externas em que muitas dúvidas surgiram e você deve ter ficado sem saber o que fazer, tomado por pensamentos-fantasmas e tenebrosos em sua mente. O interessante é que, mesmo que esteja acontecendo uma grande tempestade, se olharmos acima das nuvens da própria tempestade, veremos que o céu está limpo e que o sol brilha como sempre. Mesmo que o mar traga ondas ferozes, tsunamis e alagamentos, veremos que no seu interior, nas águas profundas, o mar continua calmo e cheio de vida.

Em vez de sair gritando por socorro e esperneando, externando para o mundo todo o desespero que está aí dentro, que você encontre dentro de você o próprio abrigo, no seu íntimo, no seu contato profundo, que você encontre o porto seguro, inabalável e sempre disponível: Jesus. Dentro do mar existe vida, acima das nuvens da tempestade existe o sol, mas dentro de você existe Jesus, a cura está aí dentro, Ele pode acalmar essa tempestade e te dar a calmaria de que você precisa para encarar essa turbulência. Tenha coragem e vá mais profundo dentro de você, confronte os seus medos, seja medo de alguma coisa ou até o medo do amor, amor-próprio.

Trabalhe os seus medos. Eles não irão embora em um passe de mágica. Confronte e encontre estratégias, recursos para administrar esses fantasmas inventados que roubam sua paz e geram essa tempestade de esgotamento físico e emocional. Isso faz parte da vida, mas peça a Deus sabedoria para conduzir esse processo de forma inteligente e racional, da maneira mais sábia possível, aprendendo com essa estrada que pode te fortalecer e te dar experiência para evoluir, encarando as nossas próprias tempestades internas, melhorando o nosso mundo no mais profundo para, após, espalhar ao mundo exterior.

Como colocar Vida no dia de hoje:

"Jesus, meu irmão mais velho, a turbulência está grande, não sei como ver o ponto de chegada, um norte. Estou muito confuso, já não tenho calma, meu sono não vem, minha mente está inquieta, estou agitado e inconformado, eu não sei se vou aguentar. Sinto-me cada vez mais fraco. Tome conta da minha vida, traga-me a paz, acalme-me. Em nome de Jesus, amém".

Jesus acalma a tempestade.

Mateus 8:18

Dia 23

Expectativas desalinhadas podem ser a principal causa do seu sofrimento

Cuidado onde você deposita suas esperanças!

Eu sei que você, pai, mãe ou paciente, deseja a cura dessa doença. O ato de não saber qual vai ser o fim e viver pela suposição de que pode dar certo ou não, do que pode dar errado (segundo o seu olhar), pode tirar a paz, além do principal dentro de você: a vida que você já tem no dia de hoje.

No passado, quando você recebeu o diagnóstico, ele te levou a projetar um futuro incerto, gerando o medo de que talvez você possa não resistir. Você quer controlar as duas coisas que não estão sob o seu controle, o passado e o futuro, porém, ausentando-se do presente.

Isso gera um veneno para você mesmo: angústia, insegurança, sofrimento e inclusive a baixa autoestima. Isso ocorre na maioria das vezes por não aceitar o que a vida nos oferece. Não seja teimoso. Lembre-se de que aceitar e se conformar são coisas distintas. Pergunte a si mesmo por que você continua vivo até o dia de hoje, pois muitos encerram a sua existência neste minuto e você continua...

Te digo com certeza que isso já faz todo o sentido. Esteja de pé sempre, embora isso não queira dizer que você precisa estar com os pés no chão literalmente, mas de pé em consciência e razão. Reconheça e admita: você deseja e quer controlar os fatos, as circunstâncias e as pessoas. É o início do seu processo de cura.

Tenha a consciência de que o melhor lugar onde você poderia estar é onde você está exatamente agora. Sabe qual a melhor decisão que você pode tomar no dia de hoje? Cuidar melhor da própria vida, vivendo apenas o dia de hoje, o presente de estar presente com vida. Comece a inverter esse momento e dar continuidade ao processo. É possível recomeçar rompendo com o controle do que não se controla. Pare de gastar energia e gerar desgaste, não aceite esse vício emocional. Elimine a infelicidade.

Que você aprenda a perdoar a si mesmo, a doar-se de cara limpa, tendo consciência de tudo que já aconteceu. Caminhe em direção ao autoconhecimento, se apresente a si mesmo, seja feliz e realize-se encontrando o seu valor. Coloque você mesmo o remédio para a sua cura diariamente, e que o futuro possa ser construído com inteligência e equilíbrio. Faça a sua escolha e caminhe junto da felicidade conhecendo a si mesmo. Desfrute da vida, você tem muito valor. Que a sua expectativa seja ser hoje melhor do que você foi ontem.

Como colocar Vida no dia de hoje:

"Jesus, eu sofro muito querendo estar no controle das situações em que não consigo. Minha intenção é a melhor, segundo os meus olhos e da maneira que eu enxergo, porém, não quero continuar assim.

Reconheço que eu mesmo tenho me frustrado pelo que não acontece do meu jeito. Faça do seu jeito, Jesus. Assuma o controle da minha vida, quero caminhar ao seu lado e ser feliz contigo. Em nome de Jesus, amém".

A expectativa que se adia deixa o coração adoecido, mas o anseio satisfeito renova o vigor da vida.

Provérbios 13:12

DIA 24

Muitas pessoas têm boa intenção

As pessoas boas são diferentes das pessoas certas!

É tão chato quando estamos gripados. Muitas pessoas ficam te ensinando receitas infalíveis que aprenderam ou viram alguém fazer e deu certo. Muito cuidado!

Muitas pessoas vão querer te entregar aquilo que possuem, mas nem sempre é para você. Elas transferem uma única experiência como verdade absoluta para a sua prática, desrespeitando todo o processo que você está caminhando e orientações que têm seguido, invalidando tudo e todos para ser o "palpiteiro" sem ser convidado.

A intenção dela pode até ser boa em querer te auxiliar, mas se não for um profissional que tem conhecimento profundo sobre a doença ou o fato – ou também esteja participando do processo do cuidado – o que essa pessoa mais comunicará serão informações erradas, olhando uma cena e contando um filme inventado, não real, com condutas baseadas na superficialidade.

A informação errada te levará à principal confusão: dúvida e insegurança, se você a segue ou modifica a direção. Cuidado com a informação que chega até você através de palpites, ela pode estar vindo de alguém que deseja ser o protagonista de algo milagroso, transformador e inovador sobre aquilo que está sendo construído diariamente com a equipe de cuidado do seu filho. Não adianta querer ser importante sem ter conteúdo de importância. Neste caso, já diria o sábio: "o silêncio é a melhor resposta". Somente fale quando for solicitado e se for contribuir.

Relacione-se com a sua equipe de cuidado, confie e pergunte sobre todas as suas dúvidas, esclareça o caminho que estão percorrendo juntos. Se mesmo assim, você ainda tiver questionamento, inquietude, busque uma nova equipe que entenda o que está acontecendo. Investigue para saber se é você, se são opiniões externas ou se é sua equipe que está falhando, mas nunca transfira sua responsabilidade.

Identifique o porquê dessa insegurança, porque se ela está sendo causada por uma poluição de todas as informações que transferem a você, cuidado com o que você ouve. Pessoas boas são diferentes das pessoas certas. Pessoas boas vão querer falar coisas para te agradar e alimentar a esperança dentro de você, mas isso não passa de um conto de fadas sobre aquilo que está acontecendo na realidade, pois elas não têm compreensão real da situação e levam à enganação. As pessoas certas podem trazer palavras duras - porém verdadeiras. Escolha essas pessoas e simplifique o caminho com sinalizações claras que você compreenda e mantenha-se ativo e esclarecendo todo o percurso, andando de forma segura. Escolha pelo certo e verdadeiro, você é mais forte do que imagina.

Como colocar Vida no dia de hoje:

"Meu amigo Jesus, muitos têm se aproximado de mim, cada um se sente à vontade para se intrometer na minha vida dando palpites.

Durante a minha caminhada da vida, me permita caminhar ao lado das pessoas certas, que vão me dar direção, limite e proteção. Afaste os enganosos. Em nome de Jesus, amém".

E conhecereis a verdade e a verdade vos libertará.

João 8:32

Dia 25

O que você pensa sobre o tempo?

Faça sua higiene mental!

Como é importante o ato de "deixar para lá" todo o aborrecimento. Quando você se depara com uma doença, aquilo que você pensa acerca do mundo, a maneira como você lida com o tempo, como você se organiza nas prioridades do dia a dia, tudo isso muda, pois o tempo é muito precioso, principalmente para quem está diante de uma doença ameaçadora à vida. Observe que o valor das coisas não está naquilo que as pessoas rotulam, quando na verdade está de dentro pra fora. A riqueza não está nas coisas que você adquire ou consome, está em quanto você se realiza com as coisas que você tem, você gasta e consome pouco pelo fato de ser rico. Você pensou que poderia contar com tantas outras pessoas, mas percebeu que elas não estão presentes, são só você e sua família. A partir do momento em que você permitir que elas fiquem no lugar onde devem estar, você dará lugar para relacionamentos com valores e sentidos diferentes, um sentido verdadeiro, de luta, superação e suporte, pois tudo que é raro, escasso, ninguém compra. Então, entenda o valor de uma FAMÍLIA. Com esse suporte, você poderá superar o tratamento e a jornada da vida.

Para que isso seja possível, você precisa entender que o seu tempo é precioso demais para desperdiçar com assuntos que gastam energia, cansam e fadigam. Você precisará deixar cada pessoa no seu lugar nesse tempo precioso para dedicar esse período inteiramente a você e sua família. Não permita que as urgências dos outros – que não são suas urgências – roubem você do seu núcleo familiar. Valorize o tempo que Deus está dando junto com o seu filho. Que seja o tempo de investir na cura desse relacionamento que pode estar desgastado e sem sabor, curando as feridas da vida que foram construídas com o tempo.

Deixe para lá todo esse aborrecimento e dê lugar para a felicidade habitar.

Dê oportunidade de viver coisas novas, com pessoas novas, com uma saúde renovada e com um sorriso novo. Não furte a alegria da sua família se preocupando com problemas que não são seus. Sua família é o seu sucesso. Invista em uma convivência harmoniosa, leve e equilibrada. Perdoe quantas vezes for necessário e não carregue aborrecimentos, afinal, o tempo não volta e a vida continua, e que continue com a felicidade de viver.

Como colocar Vida no dia de hoje:

"Pai querido e amoroso, percebo que em muitos momentos eu jogo fora o tempo, com pensamentos e lembranças de tristeza e aborrecimentos de fatos que já aconteceram em minha vida.

Sei que eles permanecem em minha mente pela minha limitação de perdoar. Ajuda-me a perdoar e ganhar tempo para viver e ser feliz. Eu quero viver de novo. Em nome de Jesus, amém".

...o homem deixará pai e mãe e se unirá à sua mulher, e eles se tornarão uma só carne.

Gênesis 2:24

Dia 26

Não acredite naquilo que é conveniente

Nossos desejos podem ser perigosos, mesmo que sejam honestos.

Eu entendo e sei que no seu coração, você deseja sair o mais rápido possível desse processo, você deseja a cura. Há um risco muito grande de que, ao ganhar velocidade para arrancar, você perca o brilho das coisas boas que estão acontecendo. Isso tudo acontece por estar visando somente a um foco, a chegada, o desejo do fim, mas ao respeitar o processo e andar dentro do limite de velocidade, você tem a oportunidade de contemplar cada etapa do processo.

Não despreze o aprendizado que esse processo trará para você e sua família. Não despreze o conhecimento que vocês estão adquirindo, o entendimento e principalmente a chance de conhecer uns aos outros frente a um desafio dessa proporção. Aprenda que a pressa nos faz ignorar certas coisas, e ficar ansioso pela cura poderá fazer com que você pense apenas nisso e esqueça do bem maior, a dose de amor diária que você deve dar aos seus filhos e às pessoas do seu convívio.

Não procure pessoas que reforcem aquilo que você deseja ouvir. Muito melhor é encontrar a verdade, confrontá-la como se fosse um desafio e superá-la. Não se acomode com aquilo que é conveniente. Ganhe força e energia desenvolvendo seus talentos frente às adversidades. Você está sendo lapidado e Deus está ampliando a sua plataforma. A realidade é dura e exigirá muito de você. Valorize quem te diz a verdade, com direção, proteção e limite, não aquilo que você quer ouvir e que não te leva a avançar no processo.

Não podemos ficar ocupados com os nossos olhos, ouvidos, pensamentos vagando sem estarmos focados na verdade. Saia do automático que te agrada, pois ficar no vício do agrado emocional pode nos colocar em perigo, na rotina, nas ações repetidas, deixando as emoções ou apegos emocionais conduzirem a nossa vida, não tendo consciência da realidade. Isso acontece por vivermos no mundo das emoções, andando sem direção, percorrendo qualquer rumo segundo cada circunstância.

Abra os ouvidos para a verdade e não se deixe enganar com coisas confortáveis que o coração quer ouvir por puro e simples medo, negando os fatos. Peça ajuda, mas jamais fuja da verdade e se alie à conveniência de uma mentira, mesmo que suave. O elogio pode até fazer um carinho, mas a verdade liberta.

Como colocar Vida no dia de hoje:

"Jesus, eu recebo muitas vezes elogios tão superficiais, fingidos, que não são verdadeiros, mas confesso que gosto de ouvi-los. Eu me engano muitas vezes em cima deles, percebo que não cresço e fico preso nesta barganha. Liberta-me, Jesus, para encarar a verdade e a realidade e me fortaleça neste caminho e esteja junto comigo. Em nome de Jesus, amém".

O meu povo sofre por falta de conhecimento.

Oséias 4:6

Dia 27

Às vezes na crise, é necessário largar tudo.

Cuidado com o peso que você carrega!

Os cientistas dizem que cada ser humano toma cerca de cinco mil decisões por dia. Desde a hora em que acordamos até a hora de dormir, escolhemos o jeito de dormir, a hora de beber água e a quantidade.

Fazer escolhas na vida é inevitável, faz parte da rotina do nosso dia a dia, não há possibilidade de fugir delas. Quando estamos enfrentando alguma crise, uma mudança provocada ou imprevista exige de nós uma readaptação, mantendo os nossos valores e princípios, pois eles são inegociáveis. Precisamos tomar certas posturas para que o nosso bem seja preservado e respeitado. A vida exigirá pensar mais em você e na sua família do que nos outros.

Haverá momentos em que você precisará deixar algumas coisas para trás, como pesos, sentimentos ruins, feridas e até pessoas. É necessário desapegar. É como se você estivesse num naufrágio, você precisará estar leve para que seja rebocado. Não dá pra levar tudo, felizmente. Há possibilidade de que tudo o que há no seu interior esteja sufocando seus melhores sentimentos e principalmente, não dá para terceirizar a culpa. É responsabilidade sua cultivar e manter o seu amor-próprio.

Nem sempre você conseguirá carregar tudo e todos, é necessário conhecer as próprias limitações. Talvez na tentativa de ajudar, você acabe prejudicando a outra pessoa e você, principalmente. Não carregue pesos que te deixem cansado, exausto, entrando em conflitos. Não se envolva se não tiver a solução e a segurança. Não pegue no colo o que pode furtar tudo aquilo que você deveria dar de melhor para sua família, aliás, tudo aquilo que vocês poderiam estar vivendo.

Se você deseja fazer o bem para os outros, seja ótimo para sua família, se deseja ser ótimo para as pessoas, seja excelente para a sua família. Ela é o nosso bem mais precioso. Não traga para ela os depósitos tóxicos que possam estar sendo depositados em você. Abra mão e remova a sobrecarga das suas costas.

Cuide-se e não seja refém das suas carências emocionais. Permita acontecer uma transformação maravilhosa em sua vida, em todos os aspectos, espiritual, emocional, profissional e pessoal. Quebre os padrões de sofrimento e descarte todo o peso, fique leve e conduza a vida conscientemente na direção que Jesus te guiar.

Como colocar Vida no dia de hoje:

"Meu Pai, Deus, ajuda-me a identificar o que precisa ser deixado para trás. Mostra-me o que não me faz bem, que tira as minhas forças, faça com que eu não repita aquilo que não desejo por vício emocional. Dai-me estratégias para eu remover os lixos depositados em mim, quebrar os padrões e ser leve andando contigo. Em nome de Jesus, amém".

Esquecendo-me das coisas que ficaram para trás e avançando para as que estão adiante.

Filipenses 3:13

Dia 28

A atenção é diferente de direção!

Siga o plano, seja comprometido com o processo e não com seus desejos que surgiram dos medos.

Às vezes, quando estamos carentes, com necessidades emocionais, alguma pessoa oferecerá seus ouvidos para escutar aquilo que você deseja colocar pra fora. Você fala coisas que precisam ser ditas, ou que deseja e tem necessidade.

O perigo acontece quando aquilo que ela te devolve não tem nenhum direcionamento, principalmente pelo seu coração estar frágil, atento e receptivo. Receber palavras soltas e vagas é te colocar em perigo. Por falta de conhecimento e de entendimento profundo sobre o período que você está passando, você perde o curso da bússola e o seu norte, entrando em uma tempestade emocional e racional.

Não se distraia com ocupações de coisas que você "precisa" fazer ou que desejam que você faça, seja em casa, no trabalho, na escola, ou com amigos. As solicitações mais diversas roubam de ti o precioso tempo que necessita para dedicar para você, pois nesse processo é você quem precisa ser cuidadoso. A origem muitas vezes é pela falta de amor verdadeiro, compaixão e paz, validando o outro e invalidando a si, negligenciando as suas prioridades.

Hoje eu quero te dar um conselho de médico e pai de família: esteja focado e atento de forma racional sobre aquilo que a equipe e as pessoas que têm entendimento e comprometimento com o que está acontecendo com você de forma integral falam. Nessa fase da doença, antes do que estão falando, avalie quem está falando, para fundamentar a direção assertiva. Cuidado para não perder o seu trilho, siga todo planejamento para ter a consciência de que o melhor está sendo feito. Lembre-se de que a poluição que vem de fora não ocupa espaço dentro do plano traçado. Porém, isso só acontece se estivermos com as emoções blindadas e um caminho bem sinalizado e claro a ser percorrido.

Quem está trabalhando e lutando é a própria família junto à equipe, então esteja alinhado com essa parte dentro do jogo, fora e dentro de campo. Lembre-se, é a sua família, é o seu filho, é você. Valorize as coisas de dentro, sem se distrair com barulhos de fora. A direção e a atenção devem estar dentro.

Como colocar Vida no dia de hoje:

"Pai amado, Deus, por estar carente, tenho dado atenção a muitas pessoas que trazem informações que me levam a uma tempestade, uma confusão e eu perco o norte da vida. Ajuda-me a estar alinhado com a equipe que cuida de mim. Sinto-me cansado. Auxilia-me a alinhar a minha vida contigo, que você possa ser o meu norte. Em nome de Jesus, amém".

A tua palavra é uma lâmpada que ilumina os meus passos e luz que clareia o meu caminho.

Salmos 119:105

Dia 29

Saia da multidão!

... e vá para um lugar sozinho.

Tive um acidente com meu olho na comemoração, quando eu passei no primeiro vestibular. Na euforia da festa com meus amigos, um líquido químico entrou em contato com meu olho e foi preciso me levar às pressas para o hospital. Lá eu fui medicado, mas fiquei três dias cego - literalmente sem enxergar nada -, com os olhos vendados para recuperação. Muitos ficaram sabendo da minha aprovação, todos estavam comemorando, até o momento do acidente.

Eu fui para casa e sabe o que aconteceu? Eu fiquei em casa com um curativo no olho e todos foram para a minha festa de aprovação sem mim. Eu fiquei sozinho com a minha família, em meu abrigo.

Esse "sozinho" na verdade significa você e as pessoas necessárias. A melhor forma para você buscar orientação, direcionamento e limites é sob o olhar de quem entende aquilo que você está enfrentando. Busque quem tem conhecimento e entendimento para poder aplicar. Muitas pessoas querem ser especialistas, sem ter bagagem e "experiência". Mais importante do que ouvir é saber quem ouvir. Você precisa de uma rota calculada, uma direção correta que te deixará feliz e não te fará mais triste ainda. Não queira que a pessoa que não é especialista seja o profissional que te guie. A meu ver, seria negligente e incoerente comigo desejar estar na festa sem ter condições para frequentá-la.

Durante a tempestade, você vai estar próximo de poucos, porém suficientes e essenciais: sua família. Você não precisa de mais nada além de todo o valor que você já tem internamente, o abrigo e o porto seguro para a sua restauração, lugar de renovar para recomeçar. Essas são as pessoas de que você precisa andar além dos amigos - que são os irmãos que a vida te apresenta - que passam a fazer parte da família. É o pouco que é muito, pois é suficiente para você. Seja grato por tudo que tem e não lamente pelo que falta. Seu olhar pelo que falta são as suas emoções insatisfeitas sinalizando que precisam de cuidado. Para ter o início certo, alinhe seus princípios, a mentalidade de crescimento e desenvolvimento antes mesmo das companhias. Valorize quem tem valor e transborda o alinhamento, com o exemplo de Jesus e seus frutos. A exclusividade dos raros vale muito mais do que os números da multidão, mesmo que em situações seja necessária a solidão humana com o seu amigo Jesus sempre presente.

Como colocar Vida no dia de hoje:

"Jesus Cristo, já me frustrei com os seres humanos, com amigos, pessoas, e familiares das mais diversas formas. Fico com receio e desconfiado das pessoas, às vezes me fecho e fico isolado para não me ferir, de tão machucado que eu estou. Cura-me, Jesus, e me ajude a aproximar das pessoas que vão contribuir com a minha cura, mantendo perto de ti e sendo uma família de suporte, um ajudando o outro. Em nome de Jesus, amém".

Melhor é o homem paciente do que o guerreiro, mais vale controlar o seu espírito do que conquistar uma cidade.

Provérbios 16:32

Dia 30

Não é o que você tem, é sobre quem a gente tem

Tudo o que você tem já é suficiente.

Se nós levarmos essa frase a sério, vamos perceber que ter muitas pessoas ao nosso redor não necessariamente significa riqueza. No momento de uma doença que nos faz ficar confusos diante da vida, se faz necessário revisitar nossos valores e conceitos, as histórias que nos contaram durante a estrada da vida e fazer uma nova análise. A doença não significa uma sentença de morte, mas uma oportunidade de um novo recomeço, de um jeito certo e saudável, ativando o nosso propósito e saindo do lugar em que estamos para utilizar do nosso talento para fazer o bem, transformando o mundo para melhor, praticando com excelência e amor.

Mas para recomeçar, precisamos saber quem está conosco. Você tem, finalmente, a oportunidade de saber qual direção tomar, sem ser aquelas que te foram impostas quando criança ou adolescente, indo pelos comandos, ordens dos pais e cuidadores. Dessa forma, você vai chegar lá ao topo, e esse topo significa uma família feliz e saudável, é a graça de Deus abundando sobre a sua vida e a de sua família, fruto das nossas ações intencionais e estratégicas com a sabedoria divina. Mas, neste momento, vocês estão sendo preparados para chegar ao topo. É um processo. O sonho nos levanta e nos mantém de pé, mas é importante vivermos a plenitude durante o processo, e não somente na sua chegada. Encante-se todos os dias por estar vivo e poder viver.

Observem o quanto estão crescendo, os tropeços dados, mas superados. Observe que todos nós tropeçamos, mas precisamos ter uma pessoa de mão estendida para nos ajudar. Essas pessoas são vocês. Tudo o que vocês têm já é o suficiente para desfrutar dessa jornada. Valorize a riqueza de ter poucos que já são suficientes e eficientes. Prefiram uns aos outros a uma bolsa cheia de diamantes que até valem muito, mas o diamante é aquilo que vocês têm. O tesouro não está no final da jornada, mas é com quem você caminha nessa jornada.

O tratar com respeito e gentileza de auxiliar a cada um na caminhada, uns pelos outros, é saber que não estamos sós, somos ajudantes uns dos outros, e juntos vamos com suporte, mantendo quem tem valor por perto.

Como colocar Vida no dia de hoje:

"Querido Deus, já tive fases na vida que eu errei e achei que o valor estava nas coisas, e não nas pessoas. Lutei e fiz tanta coisa pelo material a ponto de perceber que nada disso tem valor, sendo mais importante quem está ao meu lado do que o que eu tenho. Reconheço que falhei e peço perdão, quero aprender mais sobre os Seus valores e andar com quem tem valor. Em nome de Jesus, amém".

E, tomando ele os cinco pães e os dois peixes, levantou os olhos ao céu, abençoou e repartiu os cinco pães e os dois peixes por todos; todos comeram, e ficaram fartos, cinco mil homens.

Marcos 6:41

Dia 31

O que você deseja fortalecer?

Sua família ou os outros?

Nas suas relações, você investe mais tempo falando das coisas boas ou das ruins? Essa pergunta denuncia muito sobre o nosso caráter, sobre qual o nosso lado que é saudável, positivo e bom, mas também revela o nosso lado negativo. Se você tem coisas boas no seu coração, com certeza você falará sobre coisas boas, mas se houver coisas ruins, o contrário também é verdadeiro. A questão não é nem sobre aquilo que você fala, mas sobre do que você está se alimentando e, consequentemente, alimentando a sua família.

Quando nos alimentamos apenas de coisas podres, até a nossa visão fica distorcida, se perde a consciência do que é bom ou ruim. Tudo isso pode ter acontecido com você nos últimos anos, você passa a tolerar situações mais desumanas, aceitando como inclusão os seres humanos em sofrimento, permitindo estarem do jeito que estão, silenciando a vida extraordinária dos sonhos de Deus. O problema é quando isso passa a ser frequente, ninguém mais estranha, pois torna-se comum, mas jamais será normal. O certo continua sendo certo, mesmo que ninguém pratique, e o errado continua sendo errado, mesmo que todos pratiquem. A verdade é imutável e não é adaptativa aos humanos. Nós, humanos, temos o livre-arbítrio de tomarmos uma decisão, que é seguir Jesus ou não. É essa decisão que irá nos dizer o que é certo.

As notícias na internet, redes sociais, TV, rádio, e nas conversas com demais pessoas, divulgam e ampliam todo tipo de poluição. Por causa da frequência, achamos isso comum, mas não é normal sermos conduzidos pelo ponto de vista, opinião ou filosofia criada pelos outros. A tendência é de que isso crie problemas nos quais estamos presenciando de diversas formas nos núcleos familiares. É necessário que isso se rompa, pois onde estiverem os seus olhos e ouvidos, a sua boca também será dessa forma. Eles tanto ditam aquilo que sai da sua boca como da do seu filho também. O exemplo tem um peso muito maior do que a sua fala, a forma mais fácil é estar sendo coerente com as nossas atitudes e com a nossa fala, agora te pergunto: você vai deixar isso acontecer? Silenciar é consentir e dar o exemplo é proteger.

Seja uma pessoa mensageira da paz, reduza os pontos de conflitos, desarme as crenças inventadas e ajude a fortalecer as coisas boas. Alimente-se com nutrientes bons, capazes de transformar a mentalidade e suas atitudes gerando o fortalecimento da família do sonho de Deus. Escolha conviver em harmonia com os outros praticando o exemplo de Jesus. Essa é a sua maior força para levar o entendimento e restabelecer o equilíbrio saudável humano.

Como colocar Vida no dia de hoje:

"Jesus, meu querido amigo, percebo que em alguns momentos eu falo coisas ruins a meu respeito e das outras pessoas também, com punição, conflitos, tumultos, fortalecendo a falha e gerando o que eu não desejo. Vejo que estou poluído e entregando o pior que eu tenho por ser a primeira coisa que eu enxergo. Cuida de mim, retira as impurezas e as sementes enganosas que geram conflito em mim, torna-me puro, trata todas as minhas feridas. Em nome de Jesus, amém".

Porque Deus deu o seu único filho para que todo aquele que Nele crê não pereça, mas tenha a vida eterna.

João 3:16.

Dia 32

É sobre quem está com a gente, não o que você tem

O câncer é o que a pessoa tem, mas mais forte é quem está com ela.

A doença é o que a criança ou o adolescente tem, mas ela não significa tudo diante das pessoas que estão ao seu lado. Muitos pais erram ao tentar proteger seus filhos a todo custo, mas há aqueles que passam a viver em um processo de negação constante. Uma coisa eu te garanto, o filho não olha para a doença como o fator que mais a impacta, até porque ela nem deve saber ao certo o que de fato é câncer ou não, ela não carrega o peso e o jugo dessa palavra social. Muitos dos que convivem com essa criança ou adolescente são as pessoas que apresentam todo esse peso por carregarem consigo e entregarem aos "pequenos".

No meu dia a dia com os pacientes, familiares e equipe dos hospitais, eu vejo que muitas crianças enfrentam o tratamento de um jeito forte por causa dos pais que transmitem garra e segurança a ela, alimentando e fortalecendo a esperança, sonho, a vida existente. Não estou dizendo aqui que você deva ser uma pessoa perfeita, uma espécie de super-homem, quero dizer que super-heróis não são conhecidos apenas pela força infinita, mas pela capacidade de conhecer suas fraquezas e de curá-las, reforçando principalmente a necessidade de desenvolver musculatura emocional a cada superação e cura alcançada na trilha da nossa vida.

Um bom líder não é conhecido por desenvolver todas as habilidades de uma equipe sozinho, até porque se ele pudesse, não precisaria de liderados. Todos nós precisamos de pessoas, os pais, que são os líderes nesta situação, jogam juntos direcionando, protegendo e colocando limites amorosamente. Um bom líder é conhecido pela capacidade de impulsionar cada um nas suas habilidades, talentos e dons, não o contrário, mas sim levantando a bola e não deixando a desmotivação dominar, voltando sempre o foco para o local certo.

Tenha cuidado com a sua família, permita-se conhecer os pontos fracos e positivos, as vulnerabilidades e as fortalezas. Como o seu filho te enxerga? Tenha a verdade desse relacionamento, e não a subjetividade, suposição ou imaginação como resposta. Não impeça de viver à flor da pele os melhores momentos da sua vida com o prazer da realidade e da relação franca com quem você ama intensamente. Esteja aberto ao melhor relacionamento: o autêntico. Eu tenho certeza de que, para a criança ou adolescente, a doença não é maior do que os pais. O valor está no ser humano que valoriza a gente.

Como colocar Vida no dia de hoje:

"Deus, percebo que muitas vezes os personagens querem roubar a cena da verdade, fingindo, omitindo a realidade, enfraquecendo as relações mais importantes da família, a de pais e filhos. Auxilia-me a viver a autenticidade nas relações que eu mais preciso, me dando segurança e força para continuar a viver, independentemente dos meus dias, que os momentos juntos possam valer a pena por serem reais. Em nome de Jesus, amém".

Davi era o menor dentre os seus, mas ele foi o único que teve a coragem, matou um gigante com apenas uma pedra.

Leia 1 Samuel 17

Dia 33

Você pode estar dentro de uma prisão

Passarinhos presos numa gaiola pensam que voar é uma doença

Um dia, eu ouvi uma frase que fez bastante sentido dentro desse contexto que estamos falando. "Passarinhos presos numa gaiola pensam que voar é uma doença". Eu fiquei pensando nisso e, após ler muitos livros, percebi que muitas relações não nos permitem sermos livres. Elas desejam que estejamos sempre prontos para agradar. Isso acontece pelo aprisionamento emocional desenvolvido por meio de um vício que desenvolvemos: a carência. Essas relações deixam-os muito acostumados com a doença e assim, eles trocam a liberdade erroneamente. Com isso, nos conformamos com o automatismo de fazer e receber o mesmo, nessa situação, acabamos nos conformando em beber apenas água e comer algumas migalhas de pão por limitarem a nossa visão e nos permitirem ver somente o que desejam nos oferecer.

O confronto que eu quero te fazer hoje é: em qual área pode ser que você esteja aprisionado? Talvez seja com relacionamentos tóxicos que fazem com que você não tenha mais o desejo de bater as próprias asas e alçar voo. Você fica ali, parado, com os olhos de alguém que pode até verbalizar algum gesto de amor, mas o amor verdadeiro não prende. No amor, não há espaço para qualquer relacionamento que pregue o desejo de ficar. Aprenda a amar a si mesmo, encontrar os próprios talentos, suas formas e habilidades, vivendo a sua essência, e não a aparência inventada pelo outro para a sua serventia. Que o maior brilho venha de você olhando para você mesmo, e não de outrem, não de um jeito egoísta, com características externas que utilizam de ataque ou contra-ataque para você permanecer frágil e vulnerável à manipulação humana.

Pode ser que essa gaiola esteja aberta, mas você ainda não saiu porque está amedrontado com a primeira batida das suas asas. Vá, se jogue, voe alto, que suas asas estarão preparadas para bater e voar, voar muito além da própria perspectiva. A jornada te fortalecerá. Não se preocupe, pois a sua musculatura será preparada durante a sua jornada, desfrute e se envolva com o amor incondicional de Jesus e seja livre praticando o seu exemplo.

Pais, vocês são o nosso solo de partida, e não o nosso teto. Que o seu maior legado seja curtir o nosso voo, sinal de que a sua jornada foi investida de forma honrosa, que impulsionem os seus filhos a darem as primeiras batidas de asas e continuarem...

Como colocar Vida no dia de hoje:

"Admirado Jesus, eu cresci e percebo que não tenho mais o mesmo entendimento de ficar, percebo que tenho mais a fazer pela humanidade. Abasteça-me com coragem, ousadia e prudência. Eu quero voar para realizar a minha missão. Eu honro os meus pais e por isso eu vou cumprir a minha missão, viver a minha essência. Em nome de Jesus, amém".

Se tu podes crer, tudo é possível.

Marcos 9:23

Dia 34

Pare de culpar Deus

Pessoas que ficam culpabilizando as coisas, na verdade ainda não assumiram suas responsabilidades.

Deus é amor. Talvez você O tenha conhecido da maneira apresentada na sua família, das igrejas, vídeos ou algum outro jeito errado, "pelos outros". Pode até ser que te falaram que Ele é bom, mas contaram sobre Ele coisas que são inverdades. Essa consciência cria em muitos uma imagem de que Deus vai castigar pelo simples fato de se aproximar dEle, como se Ele fosse te culpar e pesar sobre você algo que você tenha feito ou não. Não acredite nessas coisas, tampouco deixe que sua família também acredite. Isso são apenas histórias humanas que te levam a uma confusão. Deus está ao seu lado, ajudando nessas etapas tão complicadas da vida, como o enfrentamento do tratamento do câncer ou qualquer outro desafio. O peso que você acha que tem sobre sua vida está muito mais ligado com o que te falaram do que com Deus de fato.

Sem maturidade, enxergamos os fatos da nossa vida conforme a perspectiva do seu lar, cultura, nos limitando à vista projetada através da experiência dos outros, carregando a bagagem vivenciada e criando crenças e mitos que podem nos bloquear da experiência real e própria por ser diferente dos "contos".

De nada adianta ler todo esse livro se você não acreditar que sim, Deus está ao seu lado e não jogará sobre você o peso da culpa de algum erro que você possa ter cometido. Jesus nunca potencializa um erro, uma falha sua, Ele te perdoa. Por mais que você tenha cometido alguns erros, Jesus carregou sobre Ele todo o peso da culpa e a responsabilidade de pagar pelos delitos já não é mais sua. Muitos de nós fazemos o que compreendemos que é certo, o erro está em questionar se é realmente verdadeiro. Devemos ter filtros, em vez de confiar cegamente, devemos estar atentos e vigiando para não cairmos nas distrações e distorções dos fatos. Então, quando alguém vier te acusar de algo do seu passado, entenda que isso diz muito mais sobre o caráter dela do que do seu propriamente dito. Viva sua essência, e não a aparência dos olhos dos outros sobre você, com jugo pesado e agressivo. Você é filho amado do Pai, se empodere disso, recorra sempre a Deus, ouça a Sua doce voz te chamando: "Venha, filho amado", mesmo com seus erros e a sua consciência carregada de culpa.

Posicione-se e não deixe que as falas humanas aborreçam você e sua família com mentes negativas e julgadoras. Seja o protagonista, "se é sobre mim, que pergunte para mim". Tenha a sua experiência transformadora com Jesus e construa a sua intimidade com Ele. Adquira sabedoria e inteligência para usar as palavras certas para que você saiba dialogar e eliminar as poluições externas. Seja responsável com você e com sua família e não responsabilize ninguém, muito menos se culpe.

Como colocar Vida no dia de hoje:

"Amado Deus, já me senti tão pesado, culpado, aborrecido por ter falhado e confessado às pessoas que estavam próximas, mas não eram as pessoas certas. Assim, elas me puniram com palavras, gestos e comportamentos, fazendo com que me sentisse ainda pior do que quando pedi socorro. Reconheço que falhei em não recorrer primeiramente a Ti. Perdoe-me e ajude a superar a minha falha e mudar os meus sentimentos sobre mim. Em nome de Jesus, amém".

Verdadeiramente, Ele tomou sobre si as nossas enfermidades e as nossas dores levou sobre si.

Isaías 53:4

Dia 35

Agradeça pelo desafio

Mar calmo nunca fez bom marinheiro!

Com certeza você já deve ter ouvido essa frase em algum lugar. Há situações que hoje você não compreende, mas que estão te preparando e levando você a outro patamar da sua vida. Pense no seguinte: observe quantas horas um médico estuda durante a faculdade para se formar em determinada área. Eu posso falar por experiência própria, tive que priorizar a minha decisão, o meu sonho, caminhando de forma estratégica, dia a dia para conseguir boas notas, passar nas provas e tornar-me médico.

É um processo que precisamos respeitar as etapas e dedicar a cada fase o que ela solicita. Ter crescimento e desenvolvimento de forma planejada, estruturada para o avanço seguro gradual da capacitação.

E se eu não tivesse me dedicado, qual seria o resultado?

Promessas e decisões estão naturalmente vinculadas. Promessas não vêm sem dedicação, disciplina, constância e esforço, por isso proteja a sua promessa se comprometendo com ela. Agradeça pelos desafios que te forjam a ser melhor. Os melhores momentos para crescer é quando você está "mal", receptivo a se entregar ao processo para viver a promessa, aceitando ajuda e auxílio, aprendendo a ser grato. Eu não tenho como ficar traçando situações hipotéticas de como teria sido minha vida caso eu tivesse tomado decisões diferentes, mas provavelmente não teria sido um bom médico. Não estou dizendo que você precisa sofrer para ser feliz, mas que passamos por algumas dificuldades necessárias para nossa evolução.

Deus permite que passemos pelas situações mais adversas da vida, porque Ele confia em nós e sabe da nossa capacidade. Não fique confrontando o lugar onde você está e brigando contra as circunstâncias. Abra os olhos e expanda a sua mente para aprender. Não impeça, não faça barreiras para o extraordinário de Deus chegar até você. Dedique-se no processo, agradeça, elogie as pessoas e não contrarie as ordens de Deus. Ser desobediente causa problemas sérios para você. Considere somente o positivo da lição da vida. Essa oportunidade é exclusiva sua, você que está vivendo isso, não é possível transferir.

O que você vai fazer com isso? Clamar ou Reclamar? Aprender ou negligenciar? A exclusividade de Deus trabalhar em você e te moldar é condicionada à sua decisão. Permitir e avançar na missão ou adoecer no processo. Agradeça, pois Deus te escolheu para trilhar e escrever uma nova história, os seus melhores dias estão no seu futuro, caminhe em direção a ele.

Como colocar Vida no dia de hoje:

"Obrigado, Jesus. Não está sendo fácil, por muitas vezes eu penso em desistir, não tenho forças, mas dia a dia, tenho vencido e continuado. Tenho dores, feridas e marcas desse processo. Continue me guiando, colocando as Suas lentes em meus olhos para que eu possa ser sempre grato e aproveitar a oportunidade de crescer um pouco mais. Obrigado por confiar em mim, eu continuo porque estou contigo. Em nome de Jesus, amém".

Porque, assim como os céus são mais altos do que a terra, assim são os meus caminhos mais altos do que os vossos caminhos, e os meus pensamentos, mais altos do que os vossos pensamentos.

Isaías 55:8-9

Dia 36

O medo pode ser o ego disfarçado

Você vai precisar esmagar o seu ego

A palavra câncer tem um peso cultural enorme, em consequência disso, essas crenças geram preocupações que alimentam o medo e geram insegurança, como por exemplo que o seu filho não resista à quimioterapia, que tenha um desfecho negativo, que o tratamento maltrate o corpo e o corpo fique fraco. Sobretudo, você não deve ter medo de o seu filho ter câncer, o seu filho continua sendo filho. Todo esse medo e a insegurança que colocaram sobre vocês fizeram com que você ficasse paralisado. Na realidade, são como pedras que lançam no nosso caminho e fazem com que as nossas emoções se desorganizem. Ambientes que frequentamos nos alimentam de algo bom ou ruim, mas nos alimentam, quando na verdade é o ego disfarçado querendo controlar aquilo que não está sob o seu controle, gerando sofrimento e angústia. Essas pedras não só te fazem tropeçar, como mantêm você preso a elas, te paralisando de viver.

O "seu medo" representa o seu "eu". É quando você pensa mais em si mesmo do que naquilo que realmente faz bem ao seu filho. Se você não sabe por onde começar, inicie pelo principal. Você vai precisar lidar com isso, então abrace esse sentimento e entenda a sua origem para ter a estratégia de eliminá-lo de forma amigável. Se os exames já confirmarem, você precisará enfrentar de cabeça erguida todo o tratamento, seguir todas as regras para o cuidado, mas o principal vai ser: deixar o ego disfarçado de fora, para ser humilde e seguir em frente. Lembre-se de que o seu filho continua sendo filho. A vida continua, ela de fato ainda existe e não é condicional. Acredite que você pode estar entrando na melhor fase se você se permitir, vivenciando memórias inesquecíveis e momentos incríveis junto de quem você ama. Antes de se perguntar se a morte pode acontecer, pergunte a si mesmo sobre o que você pode fazer no dia de hoje, como adicionar mais vida no seu dia, qual a estratégia você pode utilizar para fazer sentido estar com vida. Se for preciso, procure ajuda para que a sua saúde emocional não roube a vida, a paz e o tempo precioso, o AGORA, o tempo de construir.

Esmague o ego e as suas expectativas criadas fora da realidade, aceite que nem tudo você pode escolher. Algumas situações fogem disso, é um fato. Utilize palavras que nutram o relacionamento com a família, deixe de querer do seu jeito, se adapte, saia do medo do novo, solte o controle que te prende e venha viver. Blinde as suas emoções do jugo do outro e viva as suas melhores emoções, se permitindo ser humilde e trabalhando a seu favor. Não tenha medo de ser feliz.

Como colocar Vida no dia de hoje:

"Pai, Meu Pai, Deus, quero um alívio, preciso de consolo, palavras de esperança. Já ouvi muitas coisas ruins e hoje estou com medo, inseguro, paralisado, estava distraído e permiti isso chegar ao meu coração. Ensina-me a ser humilde, a perdoar e eliminar as coisas ruins. Quero muita vida nos meus dias com quem eu amo. Não quero ficar estragando os momentos pelos meus pensamentos. Em nome de Jesus, amém".

Mas ele nos concede graça maior. Por isso diz a Escritura: "Deus se opõe aos orgulhosos, mas concede graça aos humildes".
Tiago 4:6

Dia 37

Cuidado com a preocupação excessiva

A paranoia pode ser um grande inimigo.

Durante o processo do tratamento, é normal que você esteja abalado com as notícias, afinal é um novo mundo que você está entrando, e isso vai gerar em você o medo do desconhecido, do que pode acontecer, trazendo em sua mente preocupações com tantas outras doenças que podem acometer o seu filho. Na verdade, eu digo "podem", pois é admissível saber quais as possíveis complicações, no entanto, você não deve olhar para essas placas de alertas como guias da sua vida, pois a sua estrada continua clara e segura sob a equipe médica que está cuidando de cada detalhe. Você tem a opção de confiar ou suspeitar. Eu oriento confiar como ponto de confirmação e dupla conferência, mas não de desconfiança. Isso é fundamental para a sua tranquilidade, reconhecendo que está percorrendo o melhor caminho.

Busque na verdade as informações corretas e adequadas sobre aquilo que o corpo está identificando. Você pode ficar confuso sobre as suas experiências de vida, vividas ou compartilhadas com você, podendo gerar uma turbulência de informações que podem dificultar o discernimento do que é real e dos fantasmas criados pela nossa mente bagunçada. Coloque os pés no chão e busque ter referências, observando o que os exames estão mostrando e comparando com aquilo que você imagina. Que a razão seja o combustível das suas ações e você coloque as suas emoções para serem movidas por esse combustível.

Intercorrências podem acontecer, como transfusões, infecções, complicações no coração ou rins, são informativas de alerta e cuidado durante o tratamento. Que esse conhecimento seja alinhado com a sua equipe, e não com pessoas que deram opiniões desajustadas, caso contrário, será uma poluição que vai te pesar, bem como tudo aquilo que fez com que você olhasse para essas placas, e não para a estrada da vida. Delegue o cuidado sobre a doença para a equipe e auxilie quando identificar. Que você possa olhar para o seu caminhar e não ficar focado nas placas tortas que guiam muitos por aí. O principal guia deve ser a esperança que direciona a sua vida.

Priorize o que te faz viver: palavras de esperança e bom ânimo. Remova as placas que te fazem ter pensamentos paranoicos excessivos, trazendo preocupações desnecessárias e um peso insuportável. Solte o controle.

Como colocar Vida no dia de hoje:

"Deus, como é difícil percorrer esse caminho, parece um labirinto, a todo momento parece que vou ser surpreendido. Fico ocupado esperando que coisas ruins aconteçam, estou vivendo em estado de alerta e tensão, expectativa e frustração, momentos muito pesados para caminhar. Cuide dos meus pensamentos, deixe-os suaves, acalme a minha mente para que eu possa desfrutar do caminho. Em nome de Jesus, amém".

O seu guia é Jesus.

Mateus 23:10.

Dia 38

Para curar outros, precisamos primeiramente estar curados

Nem tudo é câncer!

É comum que pessoas que estão em uma situação de câncer nelas mesmas ou na família vejam câncer em tudo, por todos os lugares, ainda mais se estiverem emocionalmente afetadas. Existem pessoas que, após aprenderem um pouco sobre determinado assunto, cometem o erro de sair por aí ensinando coisas que ainda não detêm conhecimento maduro. Acontece com pessoas que têm casos de câncer na família. Elas identificam algo com superficialidade e afirmam isso convictamente, na maioria das vezes conduzindo por caminhos tortuosos.

Não queira ser um "diagnosticador" de algo do qual você está no início da caminhada. O que parece ser um "esclarecimento" acaba se tornando uma cegueira, e saber um pouco sobre algo que é vasto, desafiador e complexo não torna alguém um especialista. Cuidado. Há um perigo que faz com que você talvez ainda esteja ferido por essa situação e saia por aí ferindo pessoas, levantando a possibilidade de câncer em qualquer pessoa com a intenção de ajudar, mas o resultado é prejudicial. Muitos cometem o erro de sugerir que alguém esteja com câncer, olhando apenas uma foto, ouvindo um fato ou um detalhe comentado de forma rasa. Não coloque peso, medo ou insegurança, levando pessoas ao pânico. Tome cuidado com o que for falar, veja se tem fundamento com o profissional primeiro antes de liberar o seu "achismo". Palavras liberadas não voltam atrás, se policie com o que você fala.

Que você não se mova pelas suas dores e nem pelos traumas causados por essa situação, pelo enfrentamento desse processo. Cure a si mesmo, preocupe-se com você e sua família e também não dê remédio a ninguém. Procure primeiro o seu remédio para que você tenha a cicatriz da vitória. Seja primeiro dedicado e comprometido com você em alcançar a sua cura integral, para ser habilitado a curar, utilizando as palavras intencionalmente e tendo discernimento quando alguém pedir sua opinião. Que você seja luz, sal e azeite para transbordar o amor que cura.

Como colocar Vida no dia de hoje:

"Deus, eu tenho muita vontade de ser instrumento em suas mãos e ser usado para curar outras pessoas. Por causa da ansiedade, por muitos momentos eu me movo pelo impulso, gerando o resultado oposto da minha intenção, levando a minha ferida e ferindo outros. Cura-me por completo, que eu possa aprender a agir com sabedoria segundo a sua direção. Em nome de Jesus, amém".

A mulher sábia edifica sua casa, mas com suas mãos a insensata derruba a sua.

Provérbios 14:1.

Dia 39

O risco de o passado ser o futuro

O medo da recidiva.

Entenda uma coisa, nós só podemos nos preocupar com aquilo que está sob o nosso controle. É simples, a vida não está baseada sobre aquilo que eu desejo dela, e sim o que ela deseja de mim: o propósito. Eu sei que o medo da recidiva, de a doença voltar, traz consigo aflição, angústia pelo fato de você já saber como é difícil enfrentar a doença, inclusive é por isso que você se tornou a pessoa forte que é. Para falar a verdade, ter medo de que algo possa voltar é propenso para todos os seres humanos, uma, duas, três vezes ou mais, e isso também não está sob o controle de ninguém. Qual é o seu foco? Na vida que você tem ou no risco do imprevisto? Viver sob ameaça te leva à condição de sobrevivente, uma vida desgostosa, desgastada.

O que cabe a você para poder evitar é saber que você pode cuidar da alimentação, do sono, da saúde emocional e fazer exercícios físicos, que é o que realmente nutre o seu corpo diariamente. Isso sim está no seu controle e você deve se dedicar. Eu, por exemplo, tive câncer, e mesmo assim ainda corro o mesmo risco do que você, pois não está no meu controle.

Eu prefiro viver e cuidar de mim da maneira que eu posso, sendo saudável, agregando mais vida e valor aos meus dias. A cada dia que passa, eu me torno mais raro e valioso sob a escassez do que me resta. O que vai me trazer paz é saber que eu fiz o melhor que posso fazer por mim, e não viver em função dos riscos, probabilidades de a doença voltar ou não. Seja inteligente diante dos desafios da vida e das circunstâncias que ela apresenta. Encontre a solução e continue vivo em vida. Se por algum motivo a doença me conduzir até o final, eu quero ter vida até o último momento. Quero que tenha sentido. A questão é "como vamos viver", e não "como vamos encerrar".

Que as pessoas que enfrentam o câncer deixem como legado a forma de viver, a habilidade de superar desafios. E que jamais silenciem a sua potência. Dediquem-se a eliminar esse medo, pois ele pode ser o principal motivo de morte. O câncer não traz medo. Na verdade, ele traz a necessidade de enfrentá-lo. Abandone o peso do medo que é maior do que o câncer. Dedique-se em ativar a força para viver, e não o medo de morrer.

Como colocar Vida no dia de hoje:

"Jesus, eu quero viver de uma única forma, feliz e realizado. Tire de mim qualquer condição de insegurança, seja o medo de não estar vivendo da forma que deveria ou o medo de morrer. Que eu possa ser grato e contemplar a graça de estar vivo, deslumbrando com os sonhos em vida. Em nome de Jesus, amém".

...e lhe soprou nas narinas o fôlego de vida, e o homem passou a ser alma vivente

Gênesis 2:7

Dia 40

O câncer é sua culpa?

Que culpa eu tenho de estar vivendo o câncer?

Habitualmente, as perguntas e dúvidas vêm porque estamos diante de alguns desafios. Sobre muitos deles, nós não tivemos nem o direito de escolha. Eles vêm e nos pegam de surpresa. Mas entenda que aquilo que você não pode controlar, você deve aceitar. Portanto, aceite que você só pode fazer uma coisa pelo passado: deixá-lo no seu devido lugar. É necessário reconhecer que as suas atitudes do passado estavam coerentes com o que você estava vivendo, com seu conhecimento, com práticas de um ambiente do qual fazia parte e estava inserido. Eram coerentes com outras prioridades. Você olhava para os outros, para coisas materiais e acreditava que de alguma forma o mais importante eram status, riquezas terrenas e títulos. Sendo assim, esquecia de si. Isso é comum, eu já fiz isso.

Talvez hoje você tenha aprendido mais sobre saúde devido ao contexto atual, um convite inusitado da oportunidade de voltar os seus olhos para si. Passamos a ter mais consciência e mudança de percepções, a nossa mentalidade muda. Às vezes precisamos identificar se precisamos modificar alguma rota para que o nosso futuro seja melhor, seja na área espiritual, emocional, familiar, profissional e pessoal. Faça uma análise sendo verdadeiro consigo.

Se você identificar algo do seu passado que foi ruim, parabéns por tê-lo identificado. Agora, você tem a oportunidade de fazer melhor e de corrigir a rota. Trabalhe o autoperdão, não se castigue, culpando-se pelas falhas, não sofra pela falta de conhecimento e de entendimento que você não tinha. Estamos falando de futuro, de não cometer os mesmos erros novamente. Construa um novo cenário eliminando a culpa e se perdoando. O divisor de águas foi o seu entendimento, e não a doença.

Não culpe a doença, tampouco traga sobre ela o peso daquilo que não faz parte da sua vida. Coloque o foco do presente em construir a melhor vida nas condições que você tem. Que o brilho do seu rosto justifique o seu transbordar de felicidade. Aquilo que você ainda não entende, deixe para o tempo certo. Seja leve, viva o hoje, continue traçando seus planos, deixe seus filhos (mesmo que ainda em tratamento) sonharem, irem à escola, divertirem-se com os desafios da vida e viverem uma vida que todos têm direito.

O câncer não é o fim. A morte da sua saúde emocional, sim, mesmo em vida. Aprenda a agradecer pelo entendimento adquirido através dos desafios. Realize-se com o seu crescimento e desenvolvimento. Que no lugar da culpa, você guarde a superação. Seja inspiração para auxiliar outros. Aplique na prática com os seus familiares, transborde em sua geração o valor da sua transformação, e faça do seu exemplo uma contribuição para um mundo melhor.

Como adicionar mais vida em seus dias

"Papai amado e querido, quero agradecer por todos os desafios que eu superei na vida. Hoje eu compreendo que eu venho crescendo e desenvolvendo por meio deles. Percebo o quanto sou falho e imperfeito, e por muitas vezes me culpo por isso. Ajuda-me a me perdoar e reconhecer que erros fazem parte da vida, são para nos aperfeiçoar. Continue trabalhando e cuidando da minha vida. Te amo, Jesus. Em nome de Jesus, amém".

Verdadeiramente, Ele tomou sobre si as nossas enfermidades, e as nossas dores levou sobre si.

Isaías, 5:4

A sua parte

E agora, o que fazer com tudo isso que você leu até aqui? Não pense que nossa jornada chegou ao fim. Entenda que o erro do diagnóstico acontece em casa, debaixo dos olhos da família, mesmo com o câncer curado. De que diagnóstico estou falando? De saber onde está o problema na família que enfrenta o câncer, e você aprendeu que o problema não está na doença, mas no modo como você enxerga a vida. Você viu que não deve enxergar sob a ótica externa, que o peso desnecessário não te deixa caminhar, que muitas vezes o ego e o medo se misturam com outros sentimentos e que a vida continua, independentemente de quaisquer circunstâncias.

Eu também tive câncer, décadas depois estou aqui, dando suporte para famílias que passaram pela mesma situação que eu passei. Mas e você, onde estará daqui a dez anos? Caso não saiba, não há problema, até porque o futuro fica no futuro, mas existem decisões que precisamos tomar hoje e essas estão sob nossa responsabilidade.

Decida ser feliz, decida viver, andar, banhar na chuva, ter um cachorro, pintar a rua em época de copa, comer uma goiaba direto da árvore, se balançar na rede, estudar e trabalhar. Decida viver o hoje melhor do que ontem, deixar o amanhã no amanhã e, independentemente de tudo, coloque vida em todos os seus dias. Antes de encerrar, eu tenho certeza de que as palavras te levaram a ter uma experiência única com a espiritualidade, com Jesus. Você aceita caminhar com Jesus? Essa foi a melhor decisão da minha vida. Eu respeito a sua decisão, agora é o seu momento. Fale com Ele no seu íntimo, pois Ele está bem pertinho de você. O meu desejo é que você tenha uma experiência transformadora.

Como você viu, a doença não é o fim, ela não determina quem você é.

Decida VIVER!

"Um beijo e um abraço meu e da minha família com empatia, compaixão e amor".

O Dr. Hugo Martins de Oliveira é, antes dos títulos, um ser humano, uma pessoa rara e sem concorrência. É médico oncologista pediátrico, empresário hospitalar, investidor familiar e empreendedor social, sendo o idealizador e fundador do Instituto Oliveira, um aluno da escola da vida. Nascido em Astorga, interior do Paraná, é marido da Sarah, pai do pequeno Bento e filho do Prof. Raimundo, e da Profª. Maria Aparecida. Na adolescência, Hugo recebeu uma sentença de morte, um desfecho errado sobre a doença, pois disseram que lhe restavam apenas três meses de vida. No momento em que muitos não têm forças, Hugo e sua família decidiram encarar o câncer. Durante o tratamento, observou que o problema maior não é a doença, mas os desajustes familiares que surgem nesse processo. Hugo identificou a necessidade de melhorar a comunicação, relacionamento e suporte, justamente por situações que desestruturaram sua família, e as vulnerabilidades sociais de fora passaram a ser dentro de casa. O tratamento inicial durou seis meses, mas a doença perdurou por 22 anos por conta das feridas, dos traumas, das crenças e complexos causados durante esse tratamento. A partir disso, nasceu o Instituto Oliveira. O Instituto recebe a família e dá suporte tanto ao paciente quanto aos familiares, pois entende que a família é o núcleo que dá suporte para a criança e o adolescente. Tanto para quem está em tratamento, quanto àqueles que um dia tiveram câncer. Ambos são atendidos pelo Instituto Oliveira, pois é possível que as consequências emocionais persistam, independentemente da idade. Sediado em Joinville, o Instituto Oliveira está em fase de estruturação da sua policlínica para ampliar seus atendimentos, bem como o futuro Hospital Oliveira, sendo o hospital de oncologia pediátrica com o cuidado ao ser humano e seu corpo adoecido. Tudo isso nasceu do coração de Deus e brotou no coração do pequeno Hugo, que dedica sua vida a cuidar dessas famílias.